Coser y cantar

Whitney Otto

Coser y cantar

Traducción de
Montserrat Serra

Círculo de Lectores

Para John

[Sobre la fotografía:] «Un solo tema con incontables variaciones, como la vida misma.»

ALFRED STEIGLITZ

Cuando yo era joven, audaz y fuerte,
¡lo que estaba bien, estaba bien,
y lo que estaba mal, estaba mal!
Con mi penacho enhiesto y mi estandarte
al viento, cabalgaba sin temor,
dispuesta a enmendar el mundo.
«¡Adelante, cobardes, salid a luchar!», decía,
lamentando que sólo se pudiera morir una
[vez.

Pero soy vieja; y el bien y el mal se entretejen
dibujando un *Patchwork Loco.*

DOROTHY PARKER

Nota de la autora

Mientras intentaba documentarme para mi novela, me fueron de gran ayuda los siguientes manuales, que versan sobre la técnica del patchwork: *Twentieth Century Quilts, 1900-1950*, de Thomas K. Woodward y Blanche Greenstein (Nueva York: E. P. Dutton, 1988), y *Hearts and Hands*, de Pat Ferrero, Elaine Hedges y Julie Sibber (Quilt Digest Press, San Francisco, 1987). Que el patchwork es un arte lo ilustran a la perfección los trabajos de Setsuko Segawa, quien asimismo ha publicado varios libros sobre el tema.

Deseo expresar mi infinito agradecimiento a dichos autores y recomendar su lectura a todo aquel que se interese por el patchwork.

También quiero expresar mi gratitud a la serie de PBS, *Eyes on the Prize: 1954-1965*.

EL QUILT

El quilt es un tapiz decorativo en cuya confección pueden intervenir tres técnicas: la del acolchado, que consiste en unir dos capas de tela con un relleno entremedio; la del patchwork, según la cual se empalman entre sí retales y tiras de distintos tejidos; y la de la aplicación o appliqué, basada en la costura de piezas sobre una tela de fondo.

Las tres técnicas se han venido utilizando, juntas o por separado, desde hace siglos y en diferentes partes del globo, para hacer toda clase de objetos: velas marineras, alfombras, cojines y prendas de abrigo. La muestra más antigua de esta clase de labor, una tienda de campaña egipcia, data del siglo IX antes de Cristo.

A lo largo de la historia estos trabajos de costura han tenido épocas de auge y de decadencia. En Norteamérica fueron introducidos por los pioneros, cuyas mujeres aprovechaban cualquier retal para crear nuevas formas y dibujos, y convirtieron esta labor en un motivo de reunión social. Con la llegada del siglo XX, los artículos confeccionados a mano cedieron su puesto a los de fabricación industrial; sin embargo, hoy en día las labores manuales vuelven a estar de moda, y además de los quilts clásicos se confeccionan otros de diseño novedoso que hacen gala de arte y de imaginación.

LA TRADUCTORA

Prólogo

Al principio pensé estudiar arte. Historia del arte, para ser más exacta. Pero luego pensé, ¿y por qué no antropología física? Eso fue durante la temporada a la que más tarde nos referiríamos como mi época «Buena-paratodo». Trataba de imaginarme a mi madre, Sarah Bennett-Dodd (a quien todos menos su propia madre llamaban Sally), acampando conmigo en la sabana africana, bebiendo café muy cargado en abollados pocillos de aluminio, haciendo en fin esa clase de cosas que Jane hacía con la señora Goodall. Ya nos veía a las dos postradas con sendos ataques de malaria; vestidas madre e hija con pantalones cortos de safari, con las manos igualmente curtidas por la intemperie.

Después, naturalmente, recordé que se trataba de mi madre, Sally, quien sólo se siente a gusto con lo moderno y se niega a vivir en una casa que haya sido habitada por alguien, y que me obligó a estrenar con ella vivienda tras vivienda exponiéndome así a una vida anómala y horrible.

Mi siguiente amor fue la literatura; hasta que descubrí la existencia de la teoría de la crítica, cosa que se me antojó en sí misma una especie de intelectualismo. Siempre parece que una ha de escoger entre la literatura y la teoría de la crítica, como si fuera imposible amar a las dos a la vez. Todo eso terminó por empujarme, de buen grado (así lo comprendí más adelante), a estudiar historia.

Empecé por establecer la cronología de los acontecimientos (una disciplina que me venía de la escuela primaria), ordenando todas las fechas a fin de determinar el tiempo y el espacio. Si algo necesita la historia, es un contexto específico. La lista se iba ampliando con detalles, pues le iba añadiendo fotografías e ilustraciones recortadas con esmero en libros de historia baratos que contenían buenas ilustraciones pero un texto catastrófico que parecía escrito aposta para ahogar cualquier atisbo de interés. Me sentí atraída por la «apariencia» de la historia antes de llegar a la «sustancia» del tema. Pero la construcción de un esquema cronológico es a un tiempo horizontal y vertical, ya que contiene distancia a la par que profundidad; lo que, bien pensado, dificulta bastante su representación sobre el papel. Me refiero a que mi esquema precisaba otras dimensiones, a que la historia no es una cuestión de fechas y a que sólo los maestros mediocres o faltos de imaginación abordan la asignatura mediante el método «imparcial» de la memorización de fechas, haciendo que desde una edad muy temprana numerosos escolares pierdan toda afición por el tema.

(Sabía que en un mundo perfecto no me vería obligada a elegir una única línea de estudio, sino que tendría tiempo para dedicarme a todos los demás asuntos que despertaban mi curiosidad. Podría juntar todos mis deseos e irlos contando como si fueran tarjetas del Día de los Enamorados.)

De inmediato, los victorianos captaron mi atención por sus extrañas y a veces antiestéticas nociones respecto a la arquitectura, la vestimenta y las convenciones sociales. Algunos ejemplos eran meras extravagancias, como un diorama que mostraba una escena en la que noventa y dos ardillas disecadas jugaban en un sótano una partida de póquer en la que no faltaban las cervezas, los puros ni las viseras verdes bien encasquetadas para proteger de la luz sus ojillos brillantes; o una pintura en la que varios querubines cubiertos con blancos retazos de ropa flotaban sobre unas nubes y, junto a esa pintura pero tapada por una cortina, otra idéntica en la que esos mismos angelotes (pese a ser tiernas criaturas) estaban completamente desnudos; o la vitrina de curiosidades de una privilegiada beldad de Tejas, que contenía un cráneo humano y una mano renegrida; o incluso otra joven (la adinerada hija de un potentado) que se empeñaba en deslizarse a través de la mansión familiar con una camada de vivos gatitos agarrados a la cola de su vestido.

Me inscribí en una escuela. Luego perdí interés. Me importaba y no me importaba. Los detalles nimios y extrafalarios que descubría aquí y allá al observar el pasado despertaban en mí la misma sed de conocimiento que el asunto del tren secreto de Lenin, del imperialismo británico bajo el reinado de la reina Victoria o una intachable crítica neomarxista del capitalismo.

Ciertas cosas me resultan divertidas, como el nombre de Bushrod Washington, el sobrino de George, o el hombre que pintó el retrato de Mary Freake con su hijito, artista a quien sólo se conoce como el Freake Limner[1]. Y me gustan los chismorreos históricos; por ejemplo, ¿es verdad que Catalina la Grande murió tratando de copular con un caballo? Si no lo es, a quién se le ocurre decir algo tan extraño de alguien. ¿Mantuvo Thomas Jefferson una larga y fructífera relación amorosa con su esclava Sally Hemings? ¿Qué revela eso acerca del hombre que fue el arquitecto del gran sueño americano? ¿Qué revela

1. *Limner* significa «retratista».

eso acerca de nosotros mismos? ¿Hemos heredado el sueño o bien la relación ilícita y perturbadora?

Ese tipo de detalles, esas pequeñas notas a pie de página, nadie las considera eruditas ni académicas ni importantes. Quizá con mucha razón. Desde luego, también me encantaba la investigación seria y rigurosa de la historia. Creo que lo que quería era ambas cosas, lo intrascendental y lo sublime; combinándolas se obtiene una visión de conjunto, un pasado que, aunque de mala gana, adquiere el sello de lo auténtico. Y de la verdad pasada surge una realidad presente.

Podría decirse que me resultaba difícil enlazar ambos conceptos.

Deseaba que la historia estuviera llena de vida, que de vez en cuando la animara algún rasgo peculiar de la naturaleza humana (una pequeña «comedia seria»); imaginaba que alguien me decía: «Finn, ¿qué te hace pensar que la historia es algo vivo? Vaya, ¿no crees que esta expectativa es un poquito contradictoria?».

Entonces Sam me pidió que me casara con él.

Me pareció una buena idea.

Sin embargo, reanimó en mí aquella preocupación de mi época de estudiante, cómo acoplar dos mitades para que constituyan un todo, sólo que en este caso era cómo concatenar con éxito la condición de solteros con la de casados, el hombre con la mujer, cómo juntar nuestros dos caminos. Cuando Heathcliff huyó de Cumbres Borrascosas, dejó a Cathy triste y desesperada, llorando a gritos en los páramos, clamando: «Yo soy Heathcliff», como si su amor fuera tan fuerte y sus almas estuvieran tan indisolublemente unidas que para ellos no existiera más división que la de los cuerpos (aunque me inclino a creer que estuvieron «juntos» por lo menos una vez), algo de poco fuste cuando está presente el espíritu.

Lo cual me obliga a meditar, estupefacta y un tanto desconcertada. ¿Cómo se logra esa fusión de dos seres? Y, si el amor es tan sólido, ¿cómo se consigue evitarla y dejar un poco de espacio para la persona que una era antes? El equilibrio del matrimonio, el delicado y suave vaivén del fiel de la pulida balanza.

Déjenme que les diga que Sam me gusta muchísimo. Lo quiero de verdad.

La otra buena idea fue pasar el verano con mi abuela Hy Dodd y su hermana, Glady Joe Cleary. La relación que tienen conmigo es distinta a la que mantienen con los demás nietos: nosotras compartimos secretos. Probablemente charlo más con ellas que mis primos o sus propios hijos. Pienso que tienen mucho que contar y estoy más que dispuesta a escucharlo todo. Todo lo que consideren importante.

Para mí, ellas son importantes.

Así que estos días paso las horas observando las entradas y salidas de las amigas que confeccionan el quilt, tratando lánguidamente de percibir el humor de su conversación y sumiéndome en ensoñaciones en el espacioso porche de mi tía abuela; pensando en Sam, mi novio. O tumbada a la sombra, en el abigarrado jardín de tía Glady, donde saco del vaso de té los cubitos de hielo para restregármelos por la cara, el cuello y el escote a fin de refrescarme en medio del bochorno.

Podría llegarme hasta la piscina de Grasse, pero ¡está siempre tan llena de gente! Sophia Richards dice que nunca sabes con quién te toparás allí... como si yo quisiera toparme con alguien. Como si no viviera ya en una casa en la que existe un nutrido «tráfico peatonal».

Las del grupo de costura se han ofrecido a confeccionarme un quilt nupcial en honor de mi boda, pero les digo que, por favor, continúen con lo que están haciendo como si yo no hubiera venido a pasar el verano aquí; que no puedo pensar en eso ahora (como si alguien fuera capaz de pensar con un calor tan agobiante). Advierto que eso las intriga, les hace preguntarse qué clase de chica debo de ser para no «poder pensar» en mi propia boda.

Eso a mí me divierte, ya que a mis veintiséis años he llegado a no saber qué clase de chica soy. Era una joven erudita; ahora soy una prometida. No es que una no pueda ser ambas cosas –incluso yo lo comprendo–; sin embargo, no puedo desentrañar quién creo que soy en este momento. Hace poco mi tía Glady me dijo que le parecía «sano y sensato» eso de tomarse un rato para una misma, tomarse un rato para pensar.

Lo que realmente atrae mi interés durante esta visita, durante este punto muerto de mi vida, es Anna Neale, otra de las costureras y la que lleva más tiempo siendo amiga de mi tía.

Anna ha prometido tener conmigo una larga conversación algún día, cuando no esté ocupada, cuando no tenga otra cosa que hacer. Pero al parecer sus tareas la mantienen ajetreada todo el tiempo. Es extraordinariamente hermosa, Anna Neale, lo es. Incluso a los setenta y tres años. La gente se vuelve a mirarla.

A todos nos atrae la belleza. Creo que es como un faro; hace que deseemos escuchar.

Bueno, yo estoy dispuesta a escuchar.

INSTRUCCIONES Nº 1

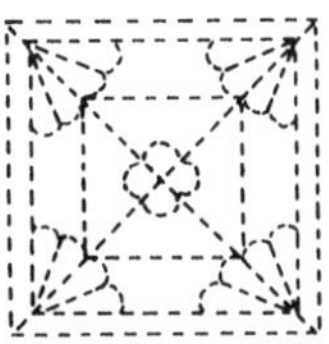

Material de trabajo.

Necesitas un bastidor grande de madera y una habitación lo suficientemente amplia para que quepa en ella. A su alrededor dispón ocho butacas cómodas, en las que puedan instalarse ocho mujeres de distintas edades, peso, color de piel y orientación cultural. Es preferible situar ese bastidor grande en la habitación de una casa de Atwater, Los Banos o Grasse, un pueblo contiguo a Bakersfield. Debería ser un lugar que en invierno se recubra de una capa gruesa y húmeda de neblina impalpable y que en verano soporte un calor abrasador. Prepara una enorme jarra de limonada. Como acompañamiento van muy bien las pastas de té.

Al escoger los colores, trata de que casen entre sí. Recuerda el disco de los colores que estudiábamos en la escuela elemental: colores primarios, fenómenos de la luz y la oscuridad; evita los tonos antagónicos, eso desvirtúa el placer de la labor. Piensa en música al armonizar los matices y los dibujos; suponte que eres un director de orquesta en una elegante sala de conciertos, imagina que el público exclama «Oooh» y «Ahhh» al aplaudir tu ejecución.

Las plantillas con motivos pequeños y nítidos son propias del gusto del siglo XX.

Las agujas deben estar muy afiladas para que no rompan la trama del tejido. Son preferibles las fabricadas en Inglaterra. Es menester emplear hilo de buena calidad en abundancia, tanto para coser los parches como para adornar el quilt. Para esta última tarea se necesita hilo de bordar. Todo ello es preciso con objeto de que tu obra se mantenga intacta para las generaciones futuras; a menos que desees vender el quilt en una feria o a una galería de arte, en cuyo caso también deberá permanecer intacto para generaciones venideras que nunca llegarás a conocer.

Las mujeres sentadas alrededor del bastidor deberían congeniar. Sus nombres son: Sophia, Glady Joe, Hy, Constance, Em, Corrina, Anna y Marianna. Hyacinth y Gladiola Josephine se llevan dos años, son hermanas y todo el mundo las ha llamado siempre Hy y Glady Joe. Anna y Marianna son madre e hija y se llevan diecisiete años. Em, Sophia y Corrina han nacido todas en Grasse, mientras que Constance es, comparada con ellas, una recién llegada. Cuando hayas reunido el grupo una vez por semana durante más de treinta y cinco años, contando con que en ocasiones alguna habrá llegado tarde, estarás lista para empezar el tradicional *Patchwork Loco*, el desprovisto de tema.

El *Patchwork Loco* tuvo su gran momento en el siglo XIX, y por haber sido sólo una moda no se considera un verdadero arte; sin embargo, sigue teniendo sus partidarios. Se confecciona con restos de telas de muy diversos colores y texturas; de hecho, los cuadrados del *Patchwork Loco* no deberían llamarse recuadros, ya que los retales, cosidos los unos con otros, son de toda clase de formas y medidas. Este modelo es el que exige menos disciplina y el que proporciona mayor emoción. Teniendo en cuenta a las ocho costureras sentadas alrededor del bastidor en la habitación de la casa enclavada en la pequeña ciudad contigua a Bakersfield llamada Grasse, teniendo en cuenta los más de treinta y cinco años que delata el quilt, tal vez algunos de los motivos destacados sean corderos o rosas amarillas o sirenas, anillos de boda enlazados o corazones en diferentes estados de deterioro. Descubrirás que esa labor es de lo más reveladora, no sólo por los materiales aportados para su confección, sino por quién disfruta cosiéndolos y quién no; realizando ese ensamblaje al azar.

MÁS INSTRUCCIONES

Lo que deberías comprender al poner manos a la obra en la confección de un quilt es que se compone tanto de tiempo libre como de ropa sobrante. De algo que ha quedado después de hacer en casa un vestido, una camisa de hombre o cortinas para las ventanas de la cocina. En el quilt se aprovecha lo que normalmente se tiraría: los «restos». Y se elimina lo que está de más: los «desperdicios». De todas estas sobras surge un objeto nuevo y útil.

Hazte con retales procedentes de prendas de vestir de algún miembro de la familia, un amigo o un amante (suponiendo que seas de este tipo de chica). Cóselos entre sí con esmero. Pásmate ante lo dispar que es tu propia vida. Palpa los trozos que representan al «amante» y medita sobre la significación del amor ilícito en los albores de la sociedad norteamericana. Si eso no es posible, considera la significación de esa relación en el contexto de la época actual.

La Roanoke Island Company, fundada en 1585 por

sir Walter Raleigh, desapareció por entero (sus 117 miembros, hombres, mujeres y niños) hacia 1590 sin que nadie sepa con exactitud lo que ocurrió durante ese período de cinco años, cuyo único indicio es una palabra grabada en el tronco de un árbol: CROATOAN. Ningún historiador ha desentrañado su significado. Comprobarás que tanto la génesis como el tema recurrente de la Norteamérica que fundaron los ingleses demuestran que somos un pueblo fraguado con misterios e indicios, que existen cosas impenetrables.

No olvides que los noruegos, españoles, franceses, italianos y Dios sabe cuántos más, llegaron antes que los ingleses, quienes comparados con ellos eran unos recién llegados al lugar, y que los indios estaban esperándoles a todos en las costas. A estos mismos indios les explotaron los ingleses, que eran perezosos y preferían pasar el tiempo fumando a orillas del río James antes que cultivar la tierra confiando en que «otros» lo harían por ellos. Los ingleses se mataron unos a otros al final del primer invierno porque, como recalcaron al explicárselo a los indios: «No somos agricultores; somos exploradores», dicho lo cual les exigieron que les entregaran sus víveres. Algunos afirman que entonces fue cuando se sembraron las semillas de la esclavitud, una institución que los ingleses no fueron capaces de concebir por falta de cazurrería, y en lugar de eso la copiaron de los españoles, que llevaban bastantes años comerciando con ganado humano proveniente de África. Pero ésta es otra historia.

Considera que desde el comienzo las mujeres acudieron aquí atravesando el Atlántico y no tuvieron derecho al voto hasta 1920. Un rápido cálculo te hará reflexionar sobre esos cientos de años transcurridos entre ambas circunstancias. Te gustaría saber qué clase de poder tuvieron ellas, cuáles fueron sus esferas de influencia. La mayoría de los historiadores está de acuerdo en que el primer presidente elegido con los votos de las mujeres fue una calamidad, un hombre muy distinto a Washington, Lincoln, Jefferson, etcétera. Los hombres pueden atribuirse el mérito de haber elegido a estos presidentes.

Recuerda que las mujeres que llegaron a la recién colonizada Norteamérica a menudo sobrevivían a sus maridos y que no resultaba insólito, en la Virginia de la época más temprana, que una mujer enviudara y heredara, contrajera un nuevo matrimonio, enviudara y heredara, se casara de nuevo y así sucesivamente. Cabría pensar que para muchos hombres de aquella zona ése sería un ciclo aterrador, pues nunca sabrían cuándo llegaría su hora, por así decirlo. Sin embargo, en aquel tiempo había tan pocas profesiones al alcance de las mujeres que éstas se limitaron a aprovechar los recursos de que disponían. Algo no muy diferente a confeccionar un quilt con retales, pensándolo bien. Y que hablando en términos de proporción, las mujeres eran poco numerosas. Teniendo en cuenta el sistema social imperante, cabe preguntarse si todas esas defunciones de maridos se debían únicamente a causas naturales, pero hacer esta conjetura sin verificarla históricamente equivaldría a pensar lo peor de los primeros colonos. Ningún historiador que se precie sugeriría tal cosa: tramposas, indignas de confianza, asesinas. Y no mujeres corrientes, sino esposas.

La mujer empleaba cualquier material que tuviera a mano y, si estaba demasiado agobiada de trabajo, le pedía dulcemente a su marido, con voz acaramelada: «Por favor, por favor, mira a ver si consigues contratar a un criado». Inglaterra, que por entonces sufría cierta crisis económica, tenía un sobrante de ciudadanos sin trabajo a los que no le apetecía mucho alimentar, de modo que Virginia, Tidewater y Maryland parecieron convertirse en un oportuno almacén. Ah, pero eso sería confundir a los presidiarios con los sirvientes obligados por contrato y, desde luego, no son lo mismo. Un sirviente con contrato se parece más a un esclavo, mientras que un presidiario es más bien un hombre enjaulado. Diferente, ya lo ves.

Más tarde, un giro favorable de la economía en Inglaterra provocó el descenso del número de personas interesadas en ir a América en calidad de sirvientes, lo cual, por el mismo hecho de que las posibilidades de encontrar trabajo en su propio país se veían renovadas, y por la necesidad de cubrir en América los puestos de trabajo vacantes, allanó el camino a la esclavitud afroamericana. Pero ésta es otra historia.

El siglo XIX trajo consigo la eclosión de nuevas ideas sobre el quilt y sobre la voz de la mujer en política. Por no mencionar los conflictos domésticos de la Guerra de la Independencia norteamericana, seguida por la Guerra de Secesión (con una o dos escaramuzas, relativamente pequeñas, en el intermedio). Descarta el hecho de que la Independencia dejó a pesar de todo ciertas desigualdades y que la Guerra de Secesión tuvo un sentido asaz específico de hermano contra hermano, en el que no iba incluido el color de la piel ni el género. Pero también ésta es otra historia.

Quizá te interese reducir el tema que has escogido para el quilt a unas dimensiones más manejables. Por ejemplo, la Guerra de la Independencia podría definirse como una traición sangrienta. Casi se puede oír a Inglaterra decir entre sollozos: «Pero tú eres mía. Una prolongación de mí misma. Prometiste serme fiel, enviarme tus riquezas y mantenerme en el estilo de vida al que he llegado a acostumbrarme». Y Norteamérica le responde algo así: «Necesito mi propio espacio. No es que no te tenga cariño. Podemos seguir manteniendo relaciones comerciales amistosas».

Está la Guerra de Secesión, que fue un conflicto entre parientes consanguíneos. Nadie se bate con mayor saña o brutalidad que quienes están unidos por lazos de sangre; sólo la familia conoce sus propias debilidades, el emplazamiento exacto del corazón. La tragedia consiste en que uno sigue amando con la fuerza del odio. Uno se siente furioso porque, una vez que ha sido parido por alguien, ese parentesco perdura durante toda la vida y más allá de la muerte, inalterable, inmutable, por enorme que sea la fechoría o la traición. Es inútil negar los lazos de sangre, y quizá por esta razón luchamos con uñas y dientes, porque como somos humanos no podemos separar lo que Dios ha unido.

Las mujeres presenciaron el asesinato de Abraham Lincoln. Consigue hilo de seda y de algodón de buena calidad, rojo, blanco y azul. Recorta estrellas blancas mientras estés sentada en el porche de verano al caer la noche. Recorta y aplica las letras que componen tu nombre, el de tu país, el de tu pesar. Borda sobre el quilt la figura de una paloma que sostiene una bandera en el pico. Medita sobre el hecho de que no pudiste votar por ese hombre pero que te enfrentarás a cualquier varón que no te conceda tu parcela de aflicción por la súbita muerte del presidente. Expresa en tu labor algo sobre la continuidad y conservación de la Unión. Escucha a los hombres exponer su satisfacción y orgullo personales por el derecho a votar. Escúchalos cuando se sorprenden porque también a ti te gustaría votar y hacer oír tu voz. Podrían decir: «Esto no es de tu incumbencia», y colegir que tal vez estés demasiado ociosa en casa y deberías pensar en tener otro hijo.

Reserva tus opiniones para el quilt. Pon en él tu corazón y tu voz. Emite tu voto; expresa tus sentimientos respecto de la industrialización, la manumisión de los esclavos, el voto femenino, el amor por la familia.

Manda a comprar cinta de seda que lleve fotolitografiadas unas siluetas negras. Pon a prueba tu pericia dibujando estas siluetas en tinta. Haz tus pinitos con los últimos colores que producen las fábricas del siglo XIX: azul pavo real, escarlata, verde jade, berenjena y ámbar. Guarda un retal de terciopelo. Por mor de la textura.

A medida que se acerca el final del siglo XIX, no dejes de expresar tu gratitud por las «mejoras» que ha experimentado tu vida: puedes conducir tu propia calesa, ir a la universidad o trabajar en una fábrica textil de Lowell, Massachusetts. Y no olvides que revistas tan populares como *Peterson's* o *Godey's Lady's Book* animan a confeccionar el quilt decorativo y desaconsejan el que cuenta una historia (el quilt que tiene voz); el primero se puede exponer fuera del dormitorio sin que nadie se sienta molesto. Colócalo en el salón. Confeccionar sin ningún propósito oculto una prenda con dibujos y colores denota una mujer de posibles y dice mucho en favor de su marido.

Debes tener presente estas dos cosas: la historia y la familia. A menudo son inseparables. En el siglo XX quizá creas que todo lo ocurrido antes tiene poco que ver contigo, que el día de hoy te hace inmune al pasado. Todos esos muertos y conflictos e ideas... bueno, son sólo historias que nos contamos los unos a los otros. La historia y la política y los conflictos y la rebelión y la familia y la traición.

Reflexiona sobre ello.

Las chicas flores

Muchos de sus vecinos no recuerdan una época en que Glady Joe y Hy no fueran «viejas». Al parecer, las dos hermanas habían disfrutado siempre de una serena ancianidad, como si por alguna razón hubieran saltado de la infancia a la madurez y de ésta a la condición de ciudadanas respetables sin que mediara ninguna transición.

Casi nunca se las veía separadas, excepto durante el breve período que siguió a la muerte del marido de Hy, James Dodd; pero fue un espacio de tiempo muy corto y pronto todo volvió a ser como antes. Incluso después de casadas, las dos hermanas nunca vivieron muy lejos la una de la otra.

En la actualidad comparten la casa donde se reúne el grupo dedicado a las labores de patchwork, la misma casa donde Glady Joe residió con Arthur Cleary, su esposo, también fallecido. Cuando Arthur aún vivía, esa vivienda cobijaba a los gemelos Francie y Kayo, hijos de Glady Joe y Arthur, así como a Anna Neale, el ama de llaves, y a la hija de ésta, Marianna. Anna solía decir: «Es una casa muy extraña, creo que uno podría llamarla embrujada. Pero se trata de un embrujo algo raro, no como si en ella hubiera algo de más, sino algo de menos; y no tan sólo un vacío, sino la intensa ausencia de algo perdido».

Glady Joe Clear y Hy Dodd viajan cada verano en un enorme Chevrolet familiar para visitar a sus hijos y nietos desparramados como estrellas por el territorio de Estados Unidos. Hy toma fotografías de todos los lugares por donde pasan y de los parientes a quienes consiguen ver. Un viajero que estuviera disfrutando de las vacaciones de verano y que levantara la vista del almuerzo, despachado al borde de la carretera, o que mirara por encima de la cámara de vídeo (hastiado de filmar recuerdos de la excursión en la que figuran la mujer y los chicos), o bien que estuviera simplemente repostando gasolina en una estación de los alrededores de Four Corners y cavilara con un ligero cabeceo sobre el misterio de que alguien elija vivir en ese desierto caluroso, este viajero, digo, vería a dos mujeres de edad con cabellos plateados, ojos de un azul desvaído y suaves rostros surcados de arrugas. Advertiría las huellas inevitables de la vejez: las mejillas hundidas, la carne fláccida bajo la mandíbula, y las gafas de montura de concha que hacen que los ojos azules parezcan algo mayores de lo que son. Admiraría quizá la blusa de Hy que el sol poniente matiza y el encaje mexicano de su falda. Hy y Glady Joe están sentadas frente a frente. Glady Joe, que tiene cruzadas las piernas y garabatea algo en un cuaderno de espiral, mira de vez en cuando su pluma con aire acusador y la sacude una o dos veces para que la tinta acuda de nuevo a la plumilla. Al observador quizá le gustaría la elegancia de la camisa masculina de blanco algodón y de la falda blanca que lleva Glady Joe. O el modo en que los largos pendientes de ónice negro que luce Hy se balancean cuando ella mueve la cabeza.

Otro cansado turista quizá miraría a través de la lente de su cámara y vería cómo Glady Joe adopta la postura que le indica Hy, en algún lugar de la verde extensión que forma la campiña de Virginia. Tal vez deje de prestar atención a su propia mujer (que trata de apaciguar a los niños, a quienes el aburrimiento vuelve chinchosos, prometiéndoles unos helados después de comer) para observar a una anciana, toda vestida de blanco, que se comporta con el mismo malhumor de que hacen gala sus chicos, mientras la otra, la de los largos pendientes de ónice, se coloca una mano en la cadera al tiempo que baja la que sostiene la cámara y hace una mueca de enfado que le atiranta los labios en una línea delgada.

Posiblemente, una mujer que viajara con su hija ya adulta avistaría en una gasolinera de las afueras de Colorado Springs a esas mismas ancianas compartiendo la misma botella de gaseosa y planeando la siguiente parada. Y se asombraría de la semejanza existente entre ambas señoras (aunque una de ellas lleva un atuendo más llamativo, más estilizado), del enorme parecido físico que delata que son parientes. Como si sus preferencias al elegir la ropa fueran el único rasgo que las distingue.

Cuando Glady Joe pasa junto a uno de esos compañeros de viaje, deja tras de sí una estela de esencia floral, mientras que el perfume de Hy es almizclado, extrañamente sexual para una mujer que pasa tan obviamente de los setenta. Además, Hy camina con algo menos de brío que Glady Joe, de un modo más pausado. Nunca se apresura. Pero las dos muestran al andar ese poquitín de desmaña propia de la edad, como si se movieran con cierta prudencia.

En ocasiones aparcan el coche en un área de descanso y comparten un cigarrillo, al igual que compartieron la gaseosa. Una vez al día, como máximo dos.

Las hermanas apuntan en un cuaderno los nombres de los cafés, bares y cafeterías que jalonan las carreteras por las que viajan. Glady Joe va recogiendo por el camino retales de ropa y de encaje que extrae de los cubos llenos de sobras de los almacenes textiles. Palpa los tejidos y especula sobre sus aplicaciones, con una mirada absorta en los azules ojos que las gafas agrandan. Le gusta reproducir ciertos lugares y paisajes de renombre, entre los cuales su preferido es Virginia, con sus lozanos y verdes valles («Oh Shenandoah / amo a tu hija / pero debo irme a navegar / por vuestro caudaloso río»), sus campos de labranza –«el patchwork de Dios», dice ella– y sus árboles cuajados de flores rosas y blancas. Hy siente una marcada predilección por las figuras históricas, así como por el hombre corriente. Está intentando convencer a Glady Joe de que se avenga a reproducir Monticello, la mansión de Jefferson, pero Glady Joe sólo consentirá hacerlo si eliminan del tema del quilt los alojamientos de los negros.

El paisaje que se divisa desde el lado oeste de la casa de Jefferson recibe el nombre de Vista Marina, porque el extenso conjunto de ondulantes praderas y colinas parece un océano. Hy preferiría mostrar en el quilt a un nativo americano rodeado de indios pueblo y mesa, pero Glady Joe dice que eso estaría tan mal como enseñar las cabañas de los esclavos de Jefferson.

(Sólo hay dos maneras de tratar la tragedia y la injusticia: exponerlas claramente o borrar cualquier rastro de ellas; y sobre este tema las hermanas discrepan.)

–No estoy de acuerdo –objeta Hy–. Quiero mostrar la nobleza del indio.

–Lo único noble –dice Glady Joe– es el modo en que esa gente ha logrado sobrevivir al expolio de su tierra sagrada y a la pobreza a que ha sido reducida.

–Me partes el corazón –dice Hy.

Eso enfurece a Glady Joe.

–No sólo debería partírtelo sino hacértelo añicos.

–¿Y qué me dices de las indemnizaciones del Gobierno? –pregunta Hy.

–¿Qué me dices tú? –salta Glady Joe.

–Podríamos llamar al quilt *El pueblo de Dios* –sugiere Hy después de una corta pausa.

Glady Joe aferra con fuerza el volante del Chevrolet.

–Dirás *El pueblo olvidado por Dios.*

La furia de Glady Joe va dirigida contra su hermana, pero no contra lo que Hy dice; su cólera ante la injusticia es más general que eso. No cree que Hy sea responsable de las escenas que quiere describir, pero sí la cree responsable de otra cosa, de algo que Glady Joe no puede perdonarle por completo. Glady Joe prefiere confeccionar quilts que muestran paisajes y monumentos. Las personas pueden herirte y traicionarte. Las personas son peligrosas si no te andas con cuidado.

A veces, cuando están en la habitación de algún motel emplazado en la ruta que enlaza las casas de sus hijos, Hy y Glady Joe beben whisky y fuman algún que otro porrito. Éste es su secreto. Dicen que les ayuda a dormir mejor en camas ajenas. La hierba se la compran a una nieta que estudia en el instituto, una joven llamada Finn Bennet-Dodd, quien ha prometido no decírselo a sus padres ni a los demás parientes. Finn comprende que, más que el hecho de que la marihuana sea ilegal, a la gente le perturba que dos ancianas se permitan ese ritual íntimo.

–Es que resulta tan indecoroso a nuestra edad –Hy le explica a Finn mientras oculta la bolsa de hierba en el estuche de maquillaje. Besa a Finn en la mejilla y posa un instante la fresca mano en el brazo de su nieta. El perfume almizclado de Hy impregna la atmósfera de la habitación–. No nos deja en buen lugar –continúa–. Lo que en una joven –sonríe a Finn– se considera emocionante, rebelde o excéntrico, se tacha de senilidad o de chaladura en una persona vieja.

Hy y Glady Joe prefieren no arriesgarse.

Viajan en un Chevrolet por dos razones. Una, que es un coche americano fuerte, seguro y espacioso, con mucho sitio para el equipaje y las diversas baratijas que van adquiriendo en el transcurso de su periplo. Y segunda, es un coche para «abuelitas»; a sus hijos les tranquiliza verlas en ese viejo trasto, de la misma manera que les desazonaría ver a sus madres pasándose una pipa (con ese fin transformaron una de las viejas cachimbas de James Dodd, quitándole la boquilla y conservando la cazoleta).

–Soy una persona sociable –acostumbra decir Hy con animación–, a mí la gente me entusiasma.

Al oírla, Glady Joe levanta la vista para mirar a su hermana por encima del periódico y le aconseja:

–Déjalo ya, Hy.

Hy descarta con un ademán la observación de su hermana y replica:

–No le hagáis caso. Glady Joe es una gruñona.

Lo que hace que su casa se distinga de las demás viviendas del barrio son los cuartos de atrás; tienen las paredes recubiertas, del suelo al techo, con trocitos de vidrio, porcelana, baldosas y conchas marinas. Aquí y allá se ven cuentas de colores. Todo ello pegado a las paredes. Incluso el observador más imparcial tendría que reconocer que este proyecto habrá requerido un cuidadoso esfuerzo. Esa labor de chapeado sólo recubre las paredes del lavadero, del estudio trasero y parte de las de la amplia cocina..., como si el que la realizó se hubiera encontrado de pronto falto de tiempo o de material. Pese a lo artístico de la empresa, el efecto que producen esas habitaciones no es agradable; más bien fascinante o inquietante, como si revelaran de un modo inconsciente (o tal vez acusador) algo íntimo y doloroso. Glady Jo apenas repara en ellas. (Este verano, aprovechando su estancia en la casa, Finn examina discretamente dichas paredes, pasando los dedos por su mellada superficie. No necesita preguntar qué significan. Es la única nieta que está al corriente.)

Para Hy, esas habitaciones eran como una abominación: se negaba sistemáticamente a hacer la colada o a utilizar el estudio, y únicamente muy a desgana entraba en la cocina, y sólo porque allí parte de las paredes había quedado sin decorar.

–Ya era hora de que lo dejara –comentaba Hy estremeciéndose.

Cuando hace poco Glady Joe cayó enferma, Hy incluso le rogó a Anna, su antigua ama de llaves, ya jubilada, que fuera a hacer la colada. Anna respiró hondo con tristeza y murmuró algo así como «la frescura que tienen algunos», pero la complació.

–No lo hago por usted –le dijo a Hy.

Marianna, la hija de Anna, no entendía por qué Hy no podía hacerlo ella misma.

–Por lo que sé, todavía se conserva vigorosa.

Pero Anna le dijo a su hija:

–No lo sabes todo. –Y acudió a hacer la colada hasta que Glady Joe se restableció y reanudó sus actividades. Aunque antes Anna se encaró con Hy y le espetó–: Si usted detesta estas habitaciones, usted misma tiene la culpa. –Luego, se enfrascó en su tarea.

Arthur Cleary, el marido de Glady Joe, murió unos años antes de que falleciera James, el adorado esposo de Hy. Glady Joe no parecía muy afligida, cosa que deprimió a muchas de las del grupo de costura.

–La vida continúa –era el único comentario de Glady Joe.

Anna solía defenderla, diciendo en voz baja:

–Nadie sabe lo que siente una persona cuando está a solas.

Todas las del círculo de costura sospechaban que Anna sabía algo que ellas ignoraban. Hy tenía una actitud protectora hacia su hermana y se mostraba nerviosa en su presencia, aunque todavía se las veía paseando juntas por Grasse o sentadas en el porche durante los largos atardeceres de verano, agotadas por el calor y bebiendo whisky con agua y hielo en vasos altos.

La unión de Glady Joe y Arthur Cleary tuvo más de tregua que de matrimonio. En algún momento del paisaje sin estaciones que era su madurez llegaron a la conclusión de que, a pesar de la cálida amistad que había entre ellos, no estaban hechos para ser amantes. Hasta entonces se habían mantenido a una cortés y amable distancia el uno del otro, fracasando cada vez que intentaban alcanzar la intimidad física, sin conseguir una verdadera comunicación. Era como si los hubieran abandonado en un país extranjero cuyo idioma ignoraran, y que además cada uno de ellos hablara en un dialecto distinto, una variedad de su lengua natal. Como si ambos emplearan las mismas palabras, pero les adjudicaran un sentido diferente.

No les pasó por las mientes divorciarse porque, bueno, se tenían bastante afecto. Además, había que pensar en los niños (la prueba de que lo habían intentado de verdad, ¿no?). Francamente, después de que descubrieran su triste incompatibilidad, su matrimonio experimentó una curiosa transformación que les hizo sentirse más unidos. Se limitaron a modificar sus expectativas haciéndolas más razonables o «realistas», como le gustaba decir a Glady Joe. Casi siempre se les veía juntos y estaban muy solicitados en las reuniones sociales, porque las demás parejas casadas encontraban inexplicablemente agradable estar con ellos, ya que su presencia irradiaba una devoción y una camaradería muy genuinas.

Cuando llegaban a casa de alguien se sentaban de lado en el sofá; preferían compartir el mismo vaso de ginebra con tónica a tomar cada uno su propia bebida. La gente comentaba que estaría dispuesta a sacrificar alguna cosita no demasiado importante con tal de que su matrimonio fuera igual que el de los Cleary. Sólo para saber qué se sentía al estar casado con alguien por quien se sentía tanto cariño.

Por la noche, cuando ya estaban a solas, Glady Joe y Arthur solían reírse al recordar los comentarios que sus amigos habían hecho durante la velada.

–¿Crees de veras que querrían ser como nosotros si supieran de qué modo vivimos? –le preguntó una vez Arthur.

–«Ten cuidado con lo que deseas...», es lo que dice el refrán, ¿verdad? –contestó sonriendo Glady Joe mientras eliminaba de su rostro la tenue capa de maquillaje que se ponía cuando iban juntos a una fiesta.

–Sí, claro –dijo Arthur pasándose los dedos por los cabellos, todavía abundantes.

A veces, sintiendo una vanidad casi pecaminosa, se miraba un largo rato en el espejo, y ese examen le permitía reparar en su propio atractivo. Claro que estaba más grueso que en su juventud y desde luego los años le habían abolsado un poco el perfil de la mandíbula, pero las manchas que le salpicaban las manos no eran tantísimas y la cara continuaba siendo atractiva, continuaba siendo «de muchacho». «He visto que las mujeres me miran», apostillaba para sí.

Arthur se levantó y, con las zapatillas en la mano y los calcetines todavía puestos, caminó con sigilo hacia la puerta de su propia habitación. («Es debido a los ronquidos –le explican a cualquiera lo bastante descortés para preguntar–. Ya saben lo que es eso» –añade Glady Joe.)

–Bueno, bueno –dijo Arthur, y después de darle a su mujer el beso de buenas noches, añadió–: Por si tienes un ataque de corazón antes de que volvamos a vernos.

Durante los primeros años de casados, Arthur y Glady Joe solían decirse esto en broma, en lugar de: «Eh, ¿no me das un beso?» o bien «¿No olvidas algo?». Les gustaba el humor negro de esa frase, pero ahora que se habían hecho mayores, Glady Joe a veces se sobresaltaba al oírsela decir a Arthur, y también al pronunciarla.

–Cariño –sentada ante el tocador, Glady Joe alzó la vista hacia Arthur y abandonó su mano en la de él durante unos momentos. Mientras escudriñaba la cara de su marido, le embargó una súbita tristeza al pensar en una vida sin él.

Pese al modo de vida que ambos han acordado, a Arthur su mujer todavía le despertaba ramalazos de deseo. Creyó que eso desaparecería cuando su juventud quedara atrás, que se conformaría con una amistad asexuada aunque cariñosa y que ya no anhelaría abrazarla y darle placer. Cierto que la mayor parte del tiempo estaba conforme en que la suya era una asociación de camaradas y no de amantes, pero aún le acometía una oleada de deseo cuando ella le hacía reír al decirles algo divertido a los amigos o al dirigir a los niños una observación involuntariamente graciosa; o bien cuando la veía vestida con aquellas ropas desastradas que se ponía para arrancar hierbajos o remover la tierra del jardín, unas ropas impregnadas de un sutil olor a estiércol; o tal vez cuando la miraba acicalarse para salir a cenar y ella se daba unos toques de Shalimar entre los senos antes de pasarse el vestido por la cabeza (con cuidado para no despeinarse) y se volvía hacia él diciendo: «Cariño, ven a subirme la cremallera».

Lo que tenía de injusto ese impulso sexual era que podía asaltarle en el momento menos pensado. Arthur propinaba puñetazos a la almohada y daba vueltas en la cama, incapaz de encontrar una posición cómoda o de dejar de sentir el aroma de Shalimar, así llamado por el jardín del Taj Mahl, el monumento erigido por un esposo desconsolado en memoria de su difunta esposa.

Arthur llevó a Hy al hospital en coche. James Dodd, su adorado marido, padecía una grave enfermedad que lo iba debilitando. Al principio, cuando se vio confinado en una silla de ruedas, James solía bromear y quitarle importancia ante los demás explicándoles que sólo se trataba de una «situación temporal», cosa que no era cierta. Decía que era «fácil acostumbrarse a eso», cosa que tampoco era cierta. En especial en un lugar como Grasse, una población pequeña y nada progresista, y en una época en que las reformas en pro de los discapacitados eran una perspectiva aún muy lejana. James comentaba a los amigos que «con esas ruedas me las apaño mejor para perseguir a Hy por toda la casa». Era frecuente ver avanzar a Hy y a James por la calle Mayor mientras hacían la compra o se dirigían a una cafetería para saborear un batido. A veces Hy caminaba junto a su marido; otras veces hacían un alto en el parque, y Hy, sentada en las rodillas de James, le rodeaba el cuello con el brazo al tiempo que sorbía el batido con una caña. Conmemoraban las distintas fiestas del año decorando la silla de ruedas con sedosas hojas de arce de todos los colores otoñales, con esqueletos o gatos negros; o con serpentinas verdes y guirnaldas.

Por Año Nuevo invitaban a Glady Joe y Arthur Cleary, a Corrina y Jack Amurri, a Dean y Em Read y a los Richard a una fastuosa cena. «He exigido que estuviéramos sentados», decía James. De postre servían «sueños de cisne», un plato que consistía en «cisnes» de merengue nadando en una fuente de rica crema líquida y salpicados de un polvillo dorado (parte del cual brillaba con inesperados destellos en las caras radiantes del matrimonio Dodd).

Pero todo eso ocurrió antes de que James ingresara en el hospital. Durante el otoño y las vacaciones navideñas, su enfermedad permaneció estacionaria; luego, como si ésta hubiera resuelto, como hacemos las personas, cambiar a partir de Año Nuevo, continuó su evolución en enero y a James empezó a paralizársele la mano izquierda. Lo peor de la enfermedad, aparte de su obvio desenlace fatal, era que le inutilizaba sistemáticamente el cuerpo y, sin embargo, las terminaciones nerviosas permanecían intactas y sensibles. Sentía pero no podía moverse.

No tardó en verse recluido en la cama de un modo permanente y en ocasiones, sentada a su lado o echada junto a él, Hy le oía llorar. «Hy –sollozaba–, no estoy preparado. El fin llega demasiado pronto.» Otros días decía: «Señor, sólo tengo cincuenta y dos años», una declaración que a Hy le sonaba a mezcla de acusación y de plegaria. Hy se negaba a llorar (de hecho, su aflicción era tan honda que le parecía estar situada a mayor profundidad que las lágrimas), aunque Em Reed, miembro del grupo de costura, le advirtió que si no exteriorizaba la tristeza «enfermaría por dentro».

Estaban al comienzo de un verano extremadamente caluroso y la gente de Grasse y de Bakersfield comentaban: «Sí, pero es un calor seco», como si eso lo hiciera de algún modo más soportable. Arthur llegaba en coche a casa de Hy, y la encontraba esperándolo en la curva de la carretera, al igual que una niña que aguardara a su madre o a una compañera de juegos, con la falda que le llegaba modestamente hasta los tobillos y una expresión preocupada pero llena de dulzura. Él le decía: «Espérame dentro, que estarás más fresca, yo iré a recogerte», y ella sacudía la cabeza y respondía: «Estoy demasiado nerviosa para esperar», una contestación que a él le parecía de lo más ilógico, aunque no se lo confesaba.

A veces, sentado a su lado en el coche, se maravillaba de lo mucho que ella y Glady Joe se parecían físicamente. Al mirarla por el rabillo del ojo, casi podía confundirla con su hermana, pero si la observaba con más atención, veía que Hy cuidaba más su aspecto, carecía de aquella tendencia conservadora de Glady Joe y era un poco más elegante. Las dos producían la impresión de estar envejeciendo exactamente de la misma manera y a un ritmo semejante. La cintura se les había ensanchado un poco, pero las piernas seguían siendo bonitas.

Hy exhalaba un aroma a almizcle, humedecido y acentuado por el sudor. El aire acondicionado resecaba y refrescaba la perfumada piel que Arthur, a su pesar, encontraba seductora; cosa que le producía vergüenza y un sentimiento de culpabilidad.

Sin embargo, empezó a anhelar los días en que viajaban hasta el hospital mientras el perfume almizclado de Hy se esparcía por el interior del coche.

Unas veces Hy tarareaba bajito al son de la música de la radio; otras, cantaba en una voz atiplada que en ocasiones lograba encontrar el tono justo, aunque enseguida volvía a desafinar. Las letras decían algo así como «hasta entonces, mi cielo, hasta entonces», o bien «tu risa suena a llanto», y Hy miraba por la ventanilla mientras entonaba «qué emoción siento al estar entre tus brazos».

–¿No te destrozan el corazón? –le espetó un día Arthur mientras interpretaba desafinadamente una de esas canciones de amor.

–Sí –dijo ella–, en realidad, me lo destrozan.

En el hospital, Hy se sienta junto a la ventana para ver dormir a James. Éste respira muy fuerte y con dificultad, y Hy se devana los sesos para hallar la génesis de la situación en la que ella se encuentra ahora. ¿Cuándo comenzaron estos problemas? Ni los propios médicos saben en qué consiste la enfermedad, aunque han visto otros casos. Preguntaron: «¿Han estado alguna vez en una isla de los mares del Sur? ¿Ha recibido alguna transfusión? ¿Ha nadado en una zona donde el agua pudiera estar contaminada? ¿Tiene antecedentes familiares de dolencias nerviosas o musculares? ¿Ha residido en lugares exóticos?».

–Únicamente aquí –contestó Hy–, en Grasse, en esta zona de tierras de labranza de California. –No cedió al impulso de añadir: «Pero aquí me he sentido siempre fuera de lugar», como si ésta fuera justamente la ubicación más ajena a su vida, el sitio más extraño que pudiera haber elegido.

–Bueno, ¿y qué me dice de los pesticidas? –preguntaron los médicos.

Entonces ella les informó de que su marido no era agricultor ni nunca lo había sido; se dedicaba a las finanzas.

–Ah, ya –dijeron.

Hubiera querido explicarles: «James y yo habíamos pensado en ir a vivir a otro sitio, a lugares que en su día visitamos, y en preparar curiosas exquisiteces culinarias con menudillos de animales o con tupidos vegetales y hierbas de nombres casi impronunciables..., extraordinarias mezclas de sabores dulces y amargos, con frutos secos y tubérculos blancos. En Inglaterra nos sentamos un día en un café al aire libre, un tipo de establecimiento que después nos dijeron que se llamaba "pub ajardinado". James me dio a beber vino de su boca. Jesús, qué vino tan malo toman los ingleses. Nos indicaron que la cerveza no se bebía fría sino tibia. En el Oriente Medio nos prohibieron la entrada a unos monumentos sagrados porque llevábamos las piernas descubiertas; en Roma nos volvieron a dejar fuera porque enseñábamos los hombros y yo no llevaba la cabeza tapada. En el norte de África nos riñeron en su lengua por la falta de modales propia de los americanos porque sonreíamos a los desconocidos.

»Aun así, nos prometimos volver y vivir en el extranjero, quizás en Europa o en África, pero nunca lo hicimos. Ya que estábamos tan poco enterados de las costumbres locales como para pedir cerveza fría en Inglaterra o desconocer el significado del lenguaje gestual de Marruecos, decidimos que, si de todas formas íbamos a sentirnos forasteros, sería mejor instalarnos en nuestro propio país, en Grasse.»

Hy sonríe al recordar cómo James y ella solían comentar los sucesos acaecidos en Grasse o en Bakersfield, y que lo hacían con el asombro de unos viajeros que sólo se hallaran de paso y estuvieran allí por azar.

Se aparta los cabellos de la frente y este ademán le envía una vaharada de su propio perfume. James suspira en medio del sopor; mueve la mano «buena» junto al costado. «No es más que un prisionero que espera la muerte», piensa ella. Últimamente Hy tiene que inclinarse mucho sobre él para oír lo que dice.

De pronto se pone en pie de un brinco. Entre tanta divagación acaba de asaltarle un pensamiento: «Quiero que se muera. Quiero que esto acabe de una vez», y todavía se sorprende más al comprobar que esta declaración no va acompañada de compasión sino de cólera e impaciencia. Agarra el bolso y sale corriendo de la habitación. Ni siquiera le da a James un beso de despedida; no tiene derecho a quedarse en ese cuarto ni a tocarlo. Necesita que la toquen a ella.

En el vestíbulo intenta llamar por teléfono a Glady Joe, pero nadie acude al aparato y acaba por marcar el número del despacho de Arthur. Éste le dice.

–Claro que iré a buscarte. Oye, no estarás... James no estará...

–No, no –dice Hy–. Sólo quiero que vengas.

Abre de golpe la portezuela antes de que Arthur haya detenido por completo el coche y se lanza sobre el asiento. Cruza los brazos como una adolescente infeliz y decepcionada y empieza a llorar con fuertes e irreprimibles sollozos y lágrimas que brotan a pares de sus ojos («ojos como los de Glady Joe –piensa Arthur–, iguales que los de mi mujer»). Hy da una patada a la parte inferior de la guantera y ordena a Arthur:

–Llévame fuera del pueblo y déjame allí.

–Hy, deja que te lleve a casa.

–No –grita Hy–, NO NO NO NO NO NO NO NO NO.

Arthur gira el volante con rapidez y se dirige a las afueras. Maldice en silencio a Glady Joe; habían acordado que ella iría a recoger a Hy al hospital; y sin embargo ahí está él.

–Y no se te ocurra parar –continúa Hy– hasta que estemos a miles de millones de kilómetros de aquí. Hasta que lleguemos a un sitio que no conozcamos ni por el forro.

–Hy... –empieza a decir Arthur.

–Ni lo intentes –le interrumpe ella con un susurro ronco–, ni siquiera intentes consolarme o comprenderme o hacer nada por mí. Si lo haces, te odiaré hasta la muerte. Te lo juro. Te despreciaré.

Recorren la comarcal 99, pasando junto a pueblos tan pequeños que no merecen ese nombre y ante hectáreas de campos, algunos cultivados y con la cosecha a punto de ser recogida; otros, en barbecho. La cara de Hy está manchada de rímel, que le baja en negros arroyuelos de los ojos a la barbilla.

–Para –le conmina cuando llegan a Sula, un pueblo que hace gala de un almacén general, un bar, una gasolinera y algún que otro motel desvencijado.

Hy hace ademán de abrir la puerta del coche para salir pero Arthur se lo impide posándole la mano en el brazo. Ella vuelve bruscamente la cabeza hacia él (Arthur juraría que con una mueca de rabia que le descubre los dientes) y lo mira con expresión feroz mientras tensa y afloja los músculos de la barbilla.

Como atravesado por una descarga eléctrica, Arthur le suelta el brazo al instante y añade, esta vez enfadado:

–Sólo iba a decir que quizá deberías mirarte la cara antes de entrar ahí.

–Dios mío, lo siento.

Hy baja de un golpe la visera de su lado y empieza a retocarse la cara mirándose en el espejo.

–Siento que James esté enfermo –continúa Arthur–. Hy, ya sé que es terrible, pero no eres la única que va a perder a un ser querido. No eres la única que sufre.

Hy escupe un poco de saliva en un Kleenex y se frota las negras huellas de las lágrimas, sin dejar de mirarse en el espejo y sin decir una sola palabra.

–No sé qué quieres que haga –declara él–. No sé qué decir. –Consulta su reloj–. Mira, he de telefonear a Glady Joe. –Acto seguido, sale del coche con la violencia de un huracán.

A su regreso encuentra a Hy bebiendo a morro una botella de gaseosa, con los ojos cerrados y limpios de cualquier traza de rímel. Ella le tiende la botella y Arthur a su vez bebe un largo trago.

–Arthur –dice Hy recostando la cabeza contra el respaldo del asiento–, ¡estoy tan cansada!

–Lo sé, cariño.

–¿No podríamos echarnos un rato en cualquier sitio antes de volver? Si pudiera dormir, aunque fuera unos minutos, me encontraría mejor. Me repondría.

Arthur da vuelta a la llave del contacto y le aconseja que se relaje.

–Para cuando lleguemos a casa, habrás hecho una siestecilla.

Pero Hy sacude la cabeza.

–No –le dice–, en casa no puedo dormir. Y aquí tampoco, sabiendo que vamos a casa. No, busca un árbol frondoso que dé una buena sombra y déjame descansar allí. Sólo unos minutos. –Cierra los ojos mientras él conduce despacio en dirección a la carretera.

Es una suerte que Glady Joe y él siempre lleven en el maletero esa vieja y raída manta de viaje. Extendida bajo el cuerpo de Hy, la manta adquiere un aspecto todavía más lamentable. Hy duerme como si estuviera drogada: inmóvil y con total abandono. Arthur se tumba junto a ella y contempla las ramas del dorado roble. Se hallan en medio de un pequeño robledal que Arthur ha divisado en la ladera de una colina junto a la carretera. Lejos del ruido del tráfico. Hy tiene gotas de sudor en la frente, la transpiración le humedece el escote e intensifica el fuerte olor de su perfume, que se percibe incluso al aire libre. ¡Qué silencioso está el campo y qué horrible calor hace! Arthur lamenta no haber atinado a comprar otra bebida y sopesa la posibilidad de dejar ahí a Hy mientras él vuelve en coche a Sula para hacerse con otra gaseosa. Sólo se ausentaría unos minutos, pero ¿y si Hy se despertaba y descubría que estaba sola? Por la mente de Arthur cruza la imagen de Hy esperándole en la curva de la carretera frente a su casa. Cree verla despabilarse y, con la cara arrebolada por el sueño y el calor, lloriquear porque él se ha ido quién sabe dónde. Sabe que Hy no emitirá un inquieto sollozo de mujer adulta sino un gemido infantil de criatura abandonada.

Arthur se nota las manos pegajosas a causa del bochorno. Glady Joe ha dicho que irá esta noche a ver a James y le ha preguntado si Hy y él pensaban regresar más tarde. ¿Querían quedarse a pasar la noche más al norte? Pero él le ha respondido que por supuesto que no, que los dos iban a volver a casa. En cuanto lograra tranquilizar a Hy.

Se recuesta apoyándose en los codos, harto de observar las hojas del roble, moteadas de retazos de cielo. Se gira a mirar a Hy. Es curioso que sea una réplica, más emperejilada, de Glady Joe. Aún resulta más curioso el que ninguna de las dos le hubiera causado nunca la impresión de haber sido criadas en una pequeña población agrícola como Grasse; mostraban cierta distinción propia de familias muy viajadas o de rancia fortuna, o tal vez poseían un gen de refinamiento. Sí. El gen del refinamiento. Quizá sea la nitidez del cutis o su gusto en el vestir o el hecho de que su padre no se haya dedicado a la agricultura.

Arthur se ensimisma en sus recuerdos de Glady Joe y en lo bonita y lista que era cuando la conoció. Si acaso, un poco demasiado seria y no lo que se entiende comúnmente por bonita (aunque él la encontraba preciosa). Y era muy culta pese a no haber ido a la universidad. Él tenía una licenciatura universitaria, debido más al empeño de sus padres que al suyo propio. Sin embargo, les estaba agradecido. Lo que le había llamado la atención en Glady Joe era su entusiasmo por *Jane Eyre*. También a él le gustaba *Jane Eyre*. Desde el principio habían sido grandes amigos, mutuamente atraídos por esa afición a la lectura y al pensamiento que ambos compartían, y Arthur no tardó en perdonarles a sus padres que lo hubieran trasladado a esa ciudad abandonada de la mano de Dios cuando ya había dejado atrás la adolescencia, porque Grasse le había dado a Glady Joe.

Era poco probable que, una vez terminada la universidad, Arthur hubiera querido regresar a Grasse de no haber conocido a Glady Joe Rubens y de no haberse sentido tan atraído hacia ella. La mayor de las «chicas flores», como solían llamarlas.

En una ocasión le preguntó a Glady Joe si no le gustaría vivir en otro sitio, casi convencido de que le iba a contestar algo así como: «No veo el momento de salir de este lugar», pero ella le dejó muy sorprendida al declarar:

–En realidad, me gusta vivir en un sitio en el que no me encuentro muy cómoda ni me siento demasiado bien acogida, porque eso me empuja a viajar o a leer. Podría decirse que Grasse me provoca un ansia de «indagación». Dudo de que sintiera lo mismo si viviera en otro lado, en un lugar con el que pudiera encariñarme. Quizá me sentiría feliz y complacida, satisfecha por completo, y entonces ¿qué sería de mí? –preguntó posándole a Arthur una mano en el pecho–. Dime, ¿qué clase de vida sería?

Glady Joe se le antojó muy misteriosa, con esa mezcla de autodidactismo y de lealtad pueblerina. Pensó que si conseguía comprenderla conseguiría comprenderse a sí mismo; la misma clave resolvía los dos enigmas, el de ella y el de él.

Después de haber dormido varias veces juntos durante un período de seis meses, Arthur supo que la amaba. Glady Joe no era la chica más experta con la que él hubiera mantenido relaciones íntimas (aunque tuvo que admitir que sus ligues no habían sido tantos), y en ocasiones el proceso acababa más en frustración que en satisfacción. Era evidente que ella trataba de complacerle, pero siempre parecía guardar cierta reserva cuando hacían el amor. A veces él forcejeaba con ella, y Glady Joe lo miraba con una expresión honesta e intrigada, como si no supiera exactamente qué error había cometido ella, un error que debía ser muy grave para que él se enfadara tanto. Entonces él la abrazaba y se disculpaba. Glady Joe le decía:

–No creo que sepas qué riesgo tan grande corro por ti.

«Si me caso con ella –pensó Arthur–, cambiará.» No

era que cada vez que estuviesen juntos la cosa fuese mal; acaso todo se debía a la inseguridad de Glady Joe respecto de su propio futuro.

Hy se agita sin despertarse. Arthur se pregunta si siempre tiene ese aspecto tan pacífico cuando duerme. Glady Joe nunca lo tuvo. Despierta, estaba seria y mientras dormía estaba seria. Como si no pudiera dejar de pensar, de meditar, de considerar y examinar desde todos los puntos de vista su día, su vida, sus hijos, su matrimonio..., a saber qué pensamientos la mantenían tan ocupada incluso cuando su sueño era profundo.

Hy duerme como una mujer satisfecha. Tiene los miembros relajados y generosamente extendidos a todo lo ancho de la manta. Duerme como si intentara con despreocupación alcanzar algo, mientras que Glady Joe da la impresión de poseer ya ese algo y de estar desentrañando la manera de poder conservarlo para siempre.

A sus cincuenta años, Hy ya no ostenta en el rostro la lozanía de la juventud, pero tiene otra cualidad igualmente atractiva.

Arthur siente el impulso de besarla en la boca. Se inclina sobre ella y cuando apenas le roza los labios, Hy se despierta, le rodea el cuello con los brazos y lo atrae hacia sí.

Claro, piensa él, su aroma no se parece en nada a la fragancia de jardín de Glady Joe, una mixtura hecha de hierba segada, flora, tierra y cielo, pero casi logra convencerse de que está abrazando a Glady Joe, tan similares son la forma y la longitud de las dos figuras bajo el cuerpo de él. Al entrelazar los dedos en los cabellos húmedos y revueltos de Hy, Arthur roza con el dorso de las manos la raída manta, y ese tacto le recuerda a Glady Joe; la voz de Hy, enronquecida por el amor, suena como la de Glady Joe. Es Glady Joe la que complementa el ritmo de su empeño amoroso, la que mantiene la mejilla pegada a la de él. La plenitud de los senos de Hy y la anchura de sus caderas le remiten a Glady Joe. Si Arthur cierra los ojos para resguardarlos del ardiente fulgor diurno bajo el roble dorado, casi llega a convencerse de que es su esposa la que está en sus brazos.

Luego, satisfechos, sentados uno junto al otro, Arthur se agacha para besar a Hy en el cuello y, prolongando el beso hacia la oreja, atrapa con la boca el largo pendiente y se lo arranca.

–¿Qué? –murmura ella masajeándose el lóbulo con el pulgar y el índice.

Arthur abre la boca y le muestra el reluciente objeto, posado en la roja y suave almohadilla de la lengua como si fuera un valioso regalo surgido de su corazón y no algo que hasta hace unos instantes formaba parte de la propia Hy.

Por la tarde, lo primero que Glady Joe encuentra chocante al ver a Hy y a Arthur es el penetrante olor del perfume de su hermana que invade toda la casa. Parece flotar y posarse sobre los muebles y bajo los asientos, descansar en los rincones de las habitaciones.

–Naturalmente –dice–, James ha preguntado por vosotros. –Glady Joe habla un poco entrecortadamente, porque le cuesta concentrarse–. Espera que estéis bien. Le he dicho que habíais tenido que salir del pueblo en busca de algo.

Sus palabras ondean en el aire mientras ella trata de fijar la atención en el asunto del perfume de su hermana. Es como si esa fragancia hubiera cambiado de forma y ahora fuera un cuarto ser presente en la habitación; como si el almizcle se hubiera transformado en una persona.

Glady Joe se convence de que es porque Hy está sentada muy cerca de ella. Pero al mirarla advierte que Hy tiene los labios ligeramente entreabiertos, como si quisiera formular una declaración o una pregunta o tal vez añadir algo a las palabras de Glady Joe. Como atraída por su hermana, Hy se inclina hacia ella, con el cabello revuelto por obra del viento durante el viaje de regreso.

–La verdad es –prosigue Glady Joe– que no ha resultado fácil justificar por qué os habéis ido. Pero he pensado que James iba a creerse cualquier cosa que le dijera.

La tensión se ha relajado unos momentos y Hy se recuesta contra el respaldo de la butaca.

–Dime, Glady Joe –protesta–, ¿por qué se te ha ocurrido pensar eso?

Glady Joe no puede contestar; el aroma almizclado de su hermana es un peso que le aplasta el pecho, le oprime el corazón.

–Por el amor de Dios –continúa Hy–, James sólo está enfermo, no se ha vuelto estúpido. –De su garganta brota un sonido, mezcla de gruñido y de risa ahogada–. Sólo los cancerosos muy graves disfrutan del lujo de estar tan drogados que ni siquiera saben en qué año vivimos. –Empieza a llorar bajito–. Mi James ni siquiera tiene eso. Mi James.

Enternecida, Glady Joe se dispone a abrazar a Hy para consolarla, pero se detiene y se oye a sí misma decirle con brusquedad:

–Quizá tú sí lo creías estúpido cuando te largaste en coche con mi marido. –Su propia estupefacción ante lo que acaba de decir no es menor que la que ha sentido al verse incapaz de abrazar a su llorosa hermana.

Al oír el vocablo «marido», Arthur, sentado a cierta distancia de las dos hermanas, sale de pronto de su ensimismamiento. Glady Joe encuentra muy raro que Arthur parezca estar vinculado con Hy y no con ella misma. Menea la cabeza hasta que la asalta una idea. Se pone en pie, se acerca en dos zancadas a su marido, le agarra el brazo y lo huele.

–Glady Joe –la reconviene él riendo con embarazo e irritación mientras trata de zafarse.

Pero ella no ceja, sino que, inclinándose sobre él, le olfatea el brazo, el hombro y hasta el pelo. Acto seguido se yergue y, después de soltarle el brazo con despreciativa violencia, retrocede alejándose de Arthur y de Hy mientras los ojos se le llenan de lágrimas.

–He de irme a pensar un momento –declara.

–Cariño –dice Arthur tendiéndole la mano, ante lo cual Glady Joe reacciona con repugnancia, como si esa mano constituyera un peligro, una suerte de arma–. No es... –empieza a decir Arthur.

Pero ella levanta a su vez la mano y exclama:

–¡Cállate! No digas una sola palabra, no si me quieres aunque sea un poco –y abandona la habitación. Más tarde esa misma noche recordará que lo último que ha visto antes de salir es a Hy con la mano en la garganta y esa extraña expresión de remordimientos y de satisfacción.

Inmediatamente después de hacer ese descubrimiento en la sala de estar, Glady cayó en la cuenta de que no soportaba hallarse cerca de Arthur; por mucho que éste se frotara le era imposible borrar de su piel el aroma almizclado de Hy. Al principio, Glady Joe creyó que se debía a que Arthur seguía viéndose con su hermana y a que el olor se le contagiaba periódicamente, pero cuando él le exigió que «dejara de castigarlo», supo que aquello sólo había ocurrido en una ocasión. Sin embargo, no dejaba de pensar en ello.

Oh, aquella noche Arthur estaba lleno de remordimientos. No era que negara abiertamente lo sucedido (ella lo habría considerado insultante), sino que evitaba hablar del asunto. Es muy difícil pedir perdón y hacer promesas («Te lo juro, no volverá a ocurrir») cuando el acto en sí –la transgresión– no puede siquiera mencionarse.

–¿Me dejas entrar? ¿Podemos discutirlo con calma? –preguntó Arthur esa noche, plantado en la entrada del dormitorio de Glady Joe.

–No entres aquí, Arthur. No sé lo que sería capaz de hacer. –Al ver que seguía allí en silencio, añadió–: ¿Eres tonto? ¿No ves que no quiero que estés aquí? –Pronunció la frase «no quiero que estés aquí» con cuidadosa lentitud, como si hablara con un inferior o con una criatura.

–Glady... –empezó a decir Arthur, haciendo que ella se volviera y le arrojara un pesado espejo de mano con mango y dorso de plata.

–¡Perra! –gritó Glady Joe–. ¡Puta! –De un guantazo barrió de encima del tocador los atomizadores, los tarros de maquillaje y la cajita de palisandro que él le había regalado en las segundas Navidades de casados.

Arthur esquivó la preciosa cajita, que se hizo trizas en la pared, justo detrás de él.

–¿Te has vuelto loca? –preguntó mientras ella daba vueltas por el cuarto, buscando más proyectiles. No había modo de calmarla; la única respuesta a todas las preguntas, ya fueran pragmáticas o retóricas, era lanzarle algún objeto.

–¿Es que quieres matarme? –inquirió él con un siseo, como si no quisiera despertar a Anna, que dormía en el piso de abajo.

Glady Joe, divertida por ese tonto capricho de imponer silencio, dejó caer la mano en la que sostenía un pequeño cuenco de porcelana que estaba a punto de arrojar y dijo:

–Sí, la verdad es que quiero matarte –y de todos modos le tiró el cacharrillo.

–Lo siento, lo siento mucho –repitió él–. No sé cómo... No sé decirte... –Era incapaz de terminar las frases, y cuando se echó a llorar con unos sollozos que le sacudían los hombros, ella le espetó:

–Te odio.

Unos días más tarde, Arthur cambió de táctica y apeló al buen sentido de su esposa.

–Piensa en nuestro matrimonio –le dijo–. Sabes que ha sido un poco especial. –Continuó su explicación empleando términos como «la soledad», «necesidades físicas» y «sé justa».

A lo que ella replicó, veloz como un rayo:

–Creí que éramos amigos.

–Sí que lo somos.

–Los amigos no se traicionan –gritó Glady Joe escudriñando la habitación en busca de algo que arrojarle.

A los remordimientos y al raciocinio les sucedió el pragmatismo, y Arthur le habló de los muchos años de matrimonio y de lo que éste significaba.

–Tú has cambiado su significado –dijo Glady Joe–. Prometiste quererme y cuidarme, lo prometiste. –Le dio la espalda y, con la cadera apoyada en el fregadero de la cocina, se puso a mirar por la ventana, diciendo quedamente–: A la mierda con el significado.

Él le llevó flores, enormes ramos de gladiolos que ella dejó marchitar sobre la mesa del comedor, declarando:

–Éstas no son mis flores preferidas. –Al verlo apabullado, le advirtió–: Son las que tú prefieres. Pero no somos la misma persona. No me confundas contigo.

En una ocasión Arthur tomó la ofensiva y acusó a Glady Joe de «haberse negado a él» y haberle empujado hacia «otra mujer». Al oírlo, ella cerró los ojos con fuerza y le dijo, empezando a sulfurarse:

–Hy no es otra mujer. Es mi hermana.

–¿No lo ves? –preguntó él.

–¿Ver qué?

–Que fue lo más cerca que pude estar de ti.

Eso le produjo cierta impresión a Glady Joe, la apaciguó de tal manera que su silencio resultaba casi aterrador.

–Lo que no comprendo –dice Arthur en el cuarto de la plancha a Glady Joe, que está encaramada en una escalerilla– es por qué nunca le has echado la culpa a Hy.

–¿Qué te hace pensar que no lo hago? –contesta sin mirar a su marido que, apoyado en la pared con los brazos cruzados, observa cómo ella pugna por incrustar en las paredes fragmentos de porcelana que forman intrincados dibujos.

–Pues el hecho de que sigues hablando con ella.

–También sigo hablando contigo. –Glady Joe, descontenta con la forma del trozo que tiene en la mano, lo cambia por otro que saca de la caja. Pronto se le terminarán los pedazos de ese cuenco roto y tendrá que encontrar otros..., quizá los restos del jarrón que rompió la segunda noche de sus ataques de rabia contra Arthur.

–Oye, esto es siniestro de veras –dice él señalando con

la barbilla la pared que Glady Joe está decorando–. ¿No podrías librarte de estos desperdicios? ¿Por qué no dejas que Anna los tire a la basura?

–Arthur –dice Glady Joe con un suspiro–. Arthur –repite, pero no añade nada más. Tiene ganas de decir: Arthur, no soy de esas personas que tiran una cosa sólo porque esté rota. Nunca desperdiciaría algo que todavía se puede aprovechar. («El quilt se compone de tiempo libre, así como de ropa sobrante.»)

Glady Joe aplica más cola al reverso de un trozo de vidrio y lo pega en la pared. Desde que empezó este proyecto, una semana después del frenesí de arrojar cosas, tiene una sensación de finalidad y de calma, como si ése fuera el único modo de continuar viviendo: transformar estos restos de cacharros, recogidos con la escoba del suelo de la habitación y del cuarto de baño, en un motivo artístico. Anna emitió un silbido al ver los destrozos causados en sólo un par de días. Se agachó para retirar ese revoltillo de añicos que una vez fueron estatuillas, floreros, bandejitas, cuencos, marcos de fotografías, cajas, e incluso diminutos animales de arcilla que Francie y Kayo habían moldeado en la escuela primaria; todos estaban destrozados, esos hitos desmenuzados del matrimonio Cleary, de su vida como unidad.

Las paredes adquirieron el aspecto de alfombras persas tridimensionales. Tardó mucho en terminar el cuarto de lavar, y a Glady Joe se le acabó el material. De modo que echó mano de relucientes pedazos de cristal, cuentas, conchas marinas, trozos de baldosas. Luego se desplazó al estudio de atrás. No había pensado abarcar tanto; de hecho, no sabía lo que iba a hacer cuando empezó el trabajo, únicamente sabía que la ayudaba a mantener la cohesión de su vida fracturada. Cerraba la puerta con cuidado cuando las del grupo de costura se reunían en su casa. Todas esas mujeres se percataban de que entre Hy y Glady Joe existía cierta frialdad, pero creyeron que se debía a la enfermedad de James y la proximidad de su muerte. Una cosa así por fuerza tiene que agriarte el carácter.

Cuando Hy viene de visita, no traspasa el umbral de esas habitaciones; se queda ante la puerta, por lo general con los brazos cruzados sobre el pecho como si se abrazara a sí misma. Raras veces dice algo directamente relacionado con las habitaciones –aunque en ocasiones Glady Joe desea que lo haga, para poder soltarle algún comentario hiriente, algo así como que es ella la responsable, etcétera–, sino que adopta una expresión condescendiente.

Un día, Hy dijo:

–Lo que pasa es que el efecto es tan... –Buscó la palabra adecuada.

–¿Tan qué? –preguntó secamente Glady Joe.

–No sé –dijo Hy–, tan elaborado o agresivo o... no lo sé –concluyó bajando la vista al suelo.

Años más tarde, Glady Joe se lo contará a Finn mientras caminan por el campus de la universidad del medio oeste en la que estudia Finn, aprovechando que Hy está durmiendo la siesta en el apartamento que pronto será desalojado. Finn acababa de terminar el trimestre de primavera cuando su abuela y su tía abuela decidieron visitarla. Además, tienen entre manos el asuntillo ese de la marihuana.

Glady Joe le explica lo que ocurrió muchos años atrás, cuando el abuelo de Finn se estaba muriendo y Glady Joe se hallaba enloquecida por aquella traición y sedienta de sangre.

–Decidí llegar al hospital –recuerda– y contarle a James lo de Hy y Arthur. Que en paz descanse. Pensé: le llevaré helado, de crema y praliné, su favorito, y él me mirará, contento al verme, confiado (nadie debería ser tan confiado, pensé), y yo me sentaré en la cama, le cogeré la mano que todavía puede mover..., no, me quedaré a los pies de la cama y lo miraré a los ojos..., no, mejor será acercar una silla y decirle algo así como: «James, tú y yo nos parecemos mucho. Somos bobos y confiados. Siempre te he apreciado muchísimo y creo que mi hermana ha tenido suerte al casarse contigo (pensé: "Oh, Dios mío, ¿y si él susurra con ese hablar tan trabajoso que quiere mucho a Hy?"), pero aquí está la cuestión, ella no te merece. No podemos confiar en que no haga daño a quienes confían en ella. Ya sé que ella "se lleva bien con la gente", pero quizás eso sólo significa que para ella las personas son como animales de compañía muy evolucionados a los que puede querer o abandonar a su antojo. Ella te ha abandonado, James. Nos ha unido, porque nos ha abandonado a los dos».

–¡Por Dios, tía Glady! –exclama Finn.

–Pensé: «Quiero que muera sabiéndolo; que cargue, como yo, con el peso de esta certeza». Estaba enloquecida, Finn, hubiera hecho cualquier cosa.

»Pero cuando llegué al hospital, con el helado de crema y praliné, me asomé a la puerta del cuarto y vi a Hy acurrucada en la cama junto a James (tus abuelos se adoraban de verdad, ¿sabes?). Ella le acariciaba la mejilla y le susurraba: "Durante los años que llevamos casados siempre has ido tan bien afeitado, tan acicalado..., pero me gustas más así. Se te ve tan bohemio... Siempre pensé que te hubiera encantado ser bohemio".

»James hablaba en voz baja porque la enfermedad le afectaba los músculos del pecho y la garganta, pero le oí decir: "Lo siento, preciosa".

»"No lo sientas –dijo ella–. No quiero que lo sientas. Es inútil. No quiero hablar de pesar. Quiero decirte lo mucho que te quiero." Eso me llevó a pensar en algo que leí en algún sitio y que afirmaba que, al final de nuestra vida, después de todo lo que hemos hecho o dicho o deseado, lo único que queda es el amor.

»Allí estaba yo, escuchando a hurtadillas en el pasillo, sólo recuperada en parte de lo ocurrido entre Hy y Arthur, todavía un poco enloquecida..., pero supe que no era capaz de hacerlo. No podía. Y empecé a odiarme por haber creído que podía hacerlo. Acabé por comprender que la traición es una hoja de dos filos. Mi acción no habría hecho cambiar nada y, además, pensé en el mal trago que Hy estaba pasando y en el sentimiento de pérdida que la aquejaba y en cómo me sentí cuando descubrí lo de Arthur y ella y en la sensación de pérdida que tuve. Y aparte de eso está la cuestión de los lazos de sangre.

»Me alejé de la puerta y me fui pasillo adelante, a pesar de que el helado se estaba derritiendo. Necesitaba sosegarme. Luego volví al cuarto de James, y allí comimos los tres el helado, directamente del envase. Hy se lo daba a James con una cucharilla, porque él no podía comer por sí solo. Pensé en lo que significa la familia. Pensé en lo que significa el perdón.

Glady Joe le pregunta a Finn si podrían descansar un momento.

–Claro –le dice ésta, consciente de que tiene que pedirle si podrá ir a pasar el verano con ellas, algo que acaba de decidir en ese mismo instante. Encuentra un banco en el que sentarse.

Lo siguiente ocurrió dos semanas antes de que James Dodd falleciera. Cuando Glady Joe aún no había entrado en la habitación del hospital con el helado a medio derretir, James le preguntó a Hy:

–¿Me echas de menos?

–Terriblemente –contestó ella.

–Lo peor de todo –dijo James hablando lentamente y con un gran esfuerzo– es que cuando me acaricias como ahora, yo no puedo acariciarte. Te noto, pero no puedo tocarte. –Estas pocas palabras lo dejaron extenuado.

Hy tuvo ganas de llorar, porque sabía que lo que él acababa de describir era lo que ella sentiría cuando él hubiese muerto; sabía que lo sentiría a su lado el resto de su vida, sentiría su presencia pero no podría tocarlo.

–¿Quieres que te coloque mejor los pies? –preguntó.

James asintió y susurró:

–Resulta tan fastidioso...

Hy se sobresaltó cuando Glady Joe entró en la habitación. Pensó que su hermana llegaba con un objetivo determinado y tuvo miedo. «Mi favorito», dijo él cuando Glady Joe le tendió a Hy una cucharilla para el helado. Los tres empezaron a charlar amigablemente y Hy intuyó, tuvo casi la certeza, de que algo había cambiado en el ánimo de su hermana; como si un conflicto se hubiera resuelto o una pelea se hubiera saldado con un empate.

Antes, cuando James le preguntó a Hy si lo echaba de menos, ella deseó contestarle: «Llevo meses echándote de menos, ¡Dios!, qué dura y vacía resulta la vida sin ti, y he hecho una cosa terrible, le he robado el marido a mi hermana. Sentí que tenía derecho a arrebatárselo porque te habían arrancado de mi lado sin pedirme permiso, de modo que me llevé a Arthur sin el beneplácito de nadie, pero sé que jamás me restableceré de este amor que siento por ti. Ojalá pudiera hablar con Glady Joe. Le preguntaría por qué la vida es tan corta cuando tú y yo todavía nos queremos tanto. A veces envidio a esos matrimonios de ancianos que apenas se hablan ni se tocan ni tienen mucho interés en estar juntos, porque sé que no sentirán este desgarramiento, esta infelicidad. Creo que nuestro amor debería sostenernos en lugar de destrozarme, porque quererte tanto me está matando. Glady Joe me dijo una vez que en esta vida buscamos a seres a quien amar a fin de que en el otro mundo podamos transformarnos en fuentes de luz que atraigan a otras partículas luminosas que son la esencia de esas personas a las que quisimos en la Tierra».

Pero Hy no dice una sola palabra; no les dice nada ni a James ni a Glady Joe, quien saborea sin prisa el helado y que, a su vez, no les dice, ni a Hy ni a James, nada trascendente.

INSTRUCCIONES Nº 2

Si pretendes hacer el quilt tú sola, escoge con cuidado el tema. Convivirás con él durante unos dos años, según la menor o mayor complejidad de la labor. Un quilt bastante complicado constará, a ojo de buen cubero, de treinta y cinco parches por cada bloque. Mueve la cabeza con asombro ante el portento de que una sola mujer haya podido unir tantos trozos sin extraviarlos, perderlos o colocarlos mal. Date cuenta de que debe de ser una persona de extraordinario temple moral, muy organizada y disciplinada. Una mujer que nunca da un paso equivocado en la vida; una mujer a quien toda madre admiraría. Pregúntate si tú compartirías la admiración de tu madre.

En 1933, el Concurso de Quilts de Sears & Roebuck reunió la cantidad de 7.500 dólares en metálico para repartir en premios; la ganadora se llevaría 1.200. En los años treinta eso equivalía a un verdadero maná: zapatos para los niños, el pago del alquiler, comida, unos meses de respiro para tu marido, sólo hasta que el país se recupere y alcance la tan cacareada prosperidad. Lee el pasaje que dice que los jueces tuvieron que evaluar 24.878 quilts. Haz un cálculo rápido del total de horas y de retales que eso requirió. Percátate de que es una cifra que quita el aliento: cientos de años empleados en unir millones de piezas de ropa. Piensa en cómo es posible mantener todo eso en orden, bajo control.

No se trata sólo del color y el dibujo, sino de la intrincada labor de aguja que supone. Miles de puntadas pequeñas, iguales y perfectas, cada una de ellas como un diminuto eslabón en el esquema general de gracia y belleza. Todo cosido a mano, con la máquina Singer arrumbada junto a la pared. Ya sabes cómo son las confeccionistas de quilts. Eso te deja alucinado; te obliga a sentarte a la mesa de la cocina con los ojos cerrados, la frente apoyada en una mano, aplastada bajo el peso de tantísimos números.

Pide a *Good Housekeeping* que te envíe un patrón para hacer un quilt. Un modelo que no se componga de una repetición de pequeños motivos, sino que represente una escena completa. Quizás una casona situada en el fondo de un prado muy extenso. Llénalo de niños y un marido. Cierra los ojos e imagina que desde la cocina te llega el olor de un guiso. Pollo asado y patatas horneadas al romero. Pastel de chocolate para postre. En la ventana, un canario que canta cuando se le ordena. En el jardín se ven limoneros, naranjos y melocotoneros. Junto al garaje esperan unas bicicletas; el cobertizo contiene las herramientas y el banco de carpintero de tu marido. Hay nubes en el cielo azul (asegúrate de rellenar las nubes con más material para conseguir el efecto deseado); coméis al aire libre alrededor de la mesa de secoya. Todos os queréis mucho.

O bien representa una masa de agua de color azul profundo en los mares del Sur. La silueta de una mujer que, erguida en lo alto de un pequeño acantilado respaldado por una selva tropical, se dispone a zambullirse. La fronda de palmeras debe hacerse con seda de bordar, el agua, con raso. Tú y tu amado tenéis la piel bronceada por el sol. El quilt escénico, pictórico, es una obra finita, completa en sí misma.

Piensa en la posibilidad de estrujar el papel de la plantilla del quilt pictórico. Una plantilla, por su naturaleza misma, debería repetirse. También es ésta tu naturaleza: hacer lo que hizo tu madre. Por mucho que lo odies, por mucho que te acongoje.

El modelo que te representa una sola escena es la gran ilusión; pero el que se compone de motivos repetidos es el reconocimiento de la realidad. Tu vida. La vida de todo el mundo. Cosa que te hace pensar en el *Patchwork Loco* y en su total falta de orden, su carácter divagador y lo encubierto de sus significados personales. A diferencia del quilt con un tema único, este otro quilt requiere muchas manos, muchos significados yuxtapuestos.

Siéntete incómoda al pensarlo.

Considera el *Patchwork Loco*. Deplora su falta de pericia y de sutileza. Expresa esta idea a las amigas que cosen contigo. Pronuncia estas palabras: falta de pericia y de sutileza. Explica que esa moda decimonónica no se puede trasladar al siglo XX. Recalca que todas sois mujeres modernas que rigen sus propias vidas y no permiten que sea la vida la que las empuja. Desde tu asiento, mira con ceño a la que se ría de lo que acabas de decir; te llama tonta, y aunque su tono es cariñoso, te sientes irritada. Consiente su proyecto.

Guarda el secreto en lo que concierne a este quilt; lo que te trastorna, lo que te molesta, tu conflicto interior con respecto a los altos y bajos del dominio de ti misma.

Lee la *Historia de O*. Convéncete de que ha sido escrita por una mujer o por alguien que piensa como una mujer. Siente vergüenza y placer por verte obligada a leerla en la más estricta intimidad. Desea poder comentarla con alguna de las mujeres que te rodean. Pero no puedes. No te atrevas a mencionarla; niega conocer su existencia si alguien la saca a relucir, aunque sea sin darle importancia. Es una novela que propone distintas opciones en un mundo en que las opciones son limitadas. En un solo aspecto. Comprendes esta idea. Recuerda que, desde luego, la historia de esa chica es pura pornografía.

El quilt para la cuna es un quilt reducido a una medida infantil. El tema debe reflejar el mundo que el niño ve en torno suyo: gorritos, globos, camiones, botones, corderos y zapatos. Incorpora una imagen en la que el niño pueda pensar de un modo inconsciente; influye en los estados de ensoñación de tu hijo. Diseña un lago. Rodéalo de rocas y árboles. Uno o dos pájaros le añadirán movimiento. Grandes masas de nubes llenan el cielo. Introduce material de relleno suplementario entre el appliqué y la superficie. Dales cuerpo. Confiere una sensación de verano.

Sigue los pasos de tus padres. De eso es de lo que trata el quilt: algo que se transmite, una técnica, la labor en sí. Toca el quilt, acarícialo. Siente la íntima certeza de que anhelas rebelarte; busca los aspectos que te diferencian de tu madre; reconoce que la ves reflejada en ti en tus peores momentos. Ríete al considerar los conceptos de libre voluntad y de individualidad.

Acto seguido, piensa en el matrimonio perfecto o en la unión ideal de dos amantes. Algo tan poco corriente como cualquier prodigio. Sin embargo, todo el mundo espera obtenerlo alguna vez, confía en que ocurrirá (sólo es cuestión de tiempo), se cree con derecho a ello. Siéntate con las demás costureras y expresa tu perplejidad ante el hecho de que una amiga común, tan digna de ser querida, esté viviendo sin amor. Descubre un millón de razones para que eso ocurra, excepto la verdadera razón, o sea que el amor es algo insólito y singular que no tiene que ver con la personalidad ni con la valía. Si fuera tan común, ¿por qué a los artistas les obsesionaría hasta el punto de producir de continuo melancólicas pinturas y cantos apasionados?

A medida que se aproxima el final del siglo XX, la gente sacude con tristeza la cabeza ante la alta tasa de divorcios, la bestialización de la relación amorosa, que entre todos hemos descuidado o malbaratado. Deja a tu fiel amante. Cambia. Toma el tren más rápido. Pero en la oscuridad de tu habitación quizá llegues a confesarte que solamente «creíste» haberte desenamorado o hastiado de aquel idilio (¿cómo puede una hastiarse de un pequeño milagro del corazón?) cuando, en realidad, lo que sentiste acaso no fuera amor, sino algo completamente distinto. Una vez que has sentido amor, no puedes retractarte, no puedes anularlo; quizá tu sentimiento se haya alterado, se haya desdibujado un poco, pero continúa siendo amor. Todavía sientes (aunque sea levemente) aquel sobresalto no del todo desagradable que te produjo descubrir a tu alma gemela. Un descubrimiento no exento de consternación, de cierto embarazo. Pero esto último lo mantienes en secreto.

¿Por qué dos antiguos amantes pueden convertirse en buenos amigos? Por dos razones: porque nunca se quisieron de veras o porque se siguen queriendo.

Sophia Darling

La primera vez que Preston Richards avista a Sophia Darling, su futura novia, todo lo que ve es una joven de diecisiete años que se dirige resuelta hacia la escalerilla que conduce a un trampolín alto de la piscina municipal. Preston observa el donaire con que camina por el suelo de cemento en el que las plantas de sus pies descalzos producen un repiqueteo húmedo, porque acaba de salir del agua. Preston se fija en cómo la joven separa los dedos para alisarse el cabello, oscuro y mojado, contra la bien formada cabeza, en cómo baja con rapidez las manos a fin de estirarse las perneras del bañador y las vuelve a subir para apretarse la nariz entre el pulgar y el índice con objeto de quitarse cualquier resto de humedad.

La joven realiza esos pequeños arreglos de un modo inconsciente, ajena al ritual que sigue cada vez que sale del agua y se dispone a zambullirse de nuevo, pero Preston Richards ha estudiado ya tres de esas zambullidas y es capaz de discernir la pauta existente en la secuencia de movimientos.

Preston admira la tensa belleza de sus muslos, la flexión de los músculos cuando la joven se balancea, agarrándose con los dedos de los pies al borde del trampolín, toda ella pura concentración e inminente movimiento. Sophia extiende los brazos ante sí y los mantiene un momento rectos y rígidos; luego, como si en el interior de su cuerpo se hubiera disparado un mecanismo, separa los brazos hasta ponerlos en cruz (como unas alas), los alza, y con un suave movimiento se eleva por los aires.

La piscina se halla en una población llamada Grasse, al norte de lo que es el núcleo de Bakersfield. Hoy hace mucho calor, al menos treinta y ocho grados, aunque todo el mundo hace conjeturas que apuntan a una cifra más baja. Eso es lo que ocurre en verano en estas tierras de labranza cuyos habitantes desean creer que el día es menos insoportable de lo que es en realidad. Como si la temperatura fuera un estado de ánimo que pudiera ser controlado y forzado a obedecer mediante el simple recurso de pensar en algo positivo.

Preston deja de percibir el ruidoso parloteo que suena en la piscina, el chapoteo del agua cuando los niños se salpican y pelean, los gritos con que se establecen las reglas de un nuevo juego acuático o las llamadas de un chiquillo que al acercarse nadando con los ojos cerrados hacia sus compañeros va diciendo: «¡Marco!», y los demás le responden: «¡Polo!».

O las madres jóvenes, cuyo físico oscila entre la suavidad de la adolescencia y el exceso de peso de la madurez, que charlan y se hacen confidencias. Todo eso se borra de la conciencia de Preston cuando mira a Sophia zambullirse en el agua.

Preston Richards ha hecho lo mismo que muchos de los hombres que están aquí, hombres que trabajan en el centro y han aprovechado la hora de comer para darse un remojón en la piscina, a fin de librarse un poco de ese calor pegajoso. El propio Preston ha salido de su despacho (donde ha estado anotando los resultados de numerosas muestras de petróleo que ha recogido para la compañía que le emplea durante el verano) para tratar de refrescarse en este día sofocante. Se encuentra, por pura buena suerte, observando a esa joven delgada y musculosa, y ansiando posar la boca en su cuerpo o tal vez hincar los dientes en ese muslo potente.

Sophia Darling se coloca en la punta del trampolín, se vuelve de espaldas a la piscina, se inmoviliza y salta. Cuando gira en el aire, Preston siente un sutilísimo desgarrón dentro de su propio pecho. Se queda tan estupefacto ante la súbita flaqueza de su fibra interior que por unos momentos deja de concentrarse en la joven saltadora.

De un modo maquinal, apoya la mano en el liso tórax.

¿Será acidez? ¿Un golpe de calor? Se dice que debería echarse de nuevo al agua para bajar un poco la temperatura de su cuerpo. La desgarradura que nota en el pecho es curiosa porque le hace sentirse vulnerable, mortal; y no habría por qué, dado que seguramente esta impresión proviene de una jornada agotadora o de algo que no debería haber comido. Olvida a Sophia (aunque años más tarde le dirá: «Saltaste desde muy alto y fuiste a caer en mi corazón»). Se levanta de la toalla en la que estaba sentado y se acerca a la orilla de la piscina, donde se detiene. Mientras vacila, Sophia aparece a sus pies y con las manos apoyadas en el borde de cemento, surge del agua; el líquido le reviste la cara y el cuerpo con una capa brillante y transparente. «Ella está a mis pies. Se alza para venir a mi encuentro.»

Sin pensarlo, Preston se acuclilla, coge a la joven por debajo de los brazos y la levanta tan por encima del agua que las manos de ella pierdan su apoyo en el borde de la piscina. Sophia lo mira con una expresión de sorpresa en el rostro goteante. «Cuánto pesa –piensa Preston, maravillado–. Tan esbelta pero tan fuerte y maciza.» Por un instante están cara a cara.

Luego, ella se suelta, girándose de un modo que la hace caer sentada de golpe en el suelo mientras los pies siguen agitándose en el agua.

Preston habría querido alzar a la joven, fresca todavía del agua, y levantarla hasta su propia boca para besarla una y otra vez sin pensar en nada más que en el gusto a cloro de sus labios, y todo porque ella saltó desde una altura superior a los dos metros setenta y fue a caer directamente en su corazón.

Sentada en el borde de la piscina, Sophia exclama:

–¡Bueno! –sin añadir nada más.

Preston se deja caer a su lado con timidez y, después de pedirle disculpas, se presenta.

–Soy Preston Richards –dice, extendiendo la mano con la que poco antes sostenía en vilo a la chica.

–Sophia –dice ella con la cabeza inclinada a un lado y los grises ojos entrecerrados para mirarlo.

–¿Sophia qué más?

–Darling –contesta, y añade–: ¿Por qué te sonrojas? –ya que Preston ha bajado nervioso los ojos y se mira las manos.

–No me sonrojo –contesta él finalmente.

–Pues si no te sonrojas –declara ella moviendo con suavidad los pies debajo del agua mientras se apoya en los codos–, actúas como si tuvieras vergüenza.

Preston se echa a reír.

–En realidad –dice–, tienes razón. Has hecho que me sonrojara.

–¿Por qué? –Parece sentir verdadera curiosidad, como si estuviera a punto de descubrir algo sobre sí misma. Le dirige una amplia sonrisa que muestra que sus dos incisivos superiores están un poco separados. Aunque el sol la obliga a guiñar los ojos, sigue con el rostro vuelto hacia Preston.

–Porque me ha parecido oír que me llamabas *darling* –le explica él.

–¡Oh, nada de eso! –responde ella riendo al tiempo que cierra los ojos y gira la cara hacia el sol–. Oh, no, no. Es mi apellido. Mi apellido es Darling. Como el de la familia protagonista de *Peter Pan.* –Se estira arqueando la espalda y echando la cabeza hacia atrás, este gesto hace que resalte su abdomen y que los chorreantes mechones de su oscura cabellera casi toquen el suelo.

–Sophia Darling –repite Preston para sí, primero con voz apenas audible y después en tono más alto–. Me gusta tu nombre, me gusta mucho.

Sophia se endereza, con lo que su estómago se hunde, y se queda sentada con las manos cruzadas en el regazo mientras con los pies va haciendo remolinos en el agua.

–¿De veras te gusta?

–Cuando nos casemos, quebrantaremos la tradición para que puedas conservar tu precioso nombre.

Los pies de Sophia han dejado de moverse; de hecho todo su cuerpo parece estar congelado. Tal vez incluso contenga la respiración. Preston reconoce esta postura: es idéntica a la que adopta cuando está en equilibrio sobre el trampolín, antes de que su cuerpo se eche a volar.

Sophia Darling le explica a Preston Richards:

–Lo que me gusta de zambullirme en la piscina es la sensación de estar cayendo. De que el agua se precipita hacia ti y que no puedes impedirlo. Una vez que has saltado, no puedes cambiar de dirección; sabes que caerás en el agua, es inevitable, pero de ti depende que la caída sea suave. –Sophia reflexiona un momento–. Podría decirse que es una combinación de lo consabido y lo inesperado.

Preston quiere saber si salta en competiciones, «en el instituto», por ejemplo, pero Sophia sacude la cabeza y responde:

–No, lo hago por libre.

Y cuando él le pregunta qué le gustaría hacer durante el resto de su vida, ella dice sonriendo:

–Casarme contigo, supongo.

–En este caso –afirma él respondiendo a su sonrisa (ya un poco enamorado de ese espacio que hay entre sus dos incisivos)–, será mejor que te pida que salgas conmigo.

–Un universitario –dijo con fruición la madre de Sophia cuando ésta le habló de Preston Richards–. Siempre he deseado para ti un universitario. Pero escucha, cariño, deja que él lleve siempre el peso de la conversación. A los hombres les gustan las chicas que saben escuchar, porque les hacen sentirse importantes e inteligentes. Muéstrate ingeniosa, pero no demasiado, y haz que comprenda que eres una señorita, una chica que se hace respetar. –Hizo una pausa, como si tratara de recordar algo–. Déjate guiar por él o, al menos, aparéntalo. Sólo por si acaso... Los hombres son especiales cuando se trata de quién manda.

–No va a ser mi marido –respondió Sophia–. Sólo voy a salir con él.

–Una nunca sabe cuándo va a aparecer el que te está destinado.

–¡Mamá! –suspiró Sophia.

–Sabes que te quiero, pero no eres lo bastante bonita para manejarte sola en este mundo. –Y antes de que Sophia pudiera abrir la boca, su madre levantó la mano como un guardia urbano deteniendo el tráfico–. Sé por qué lo digo.

En otras ocasiones decía cosas como:

«Sophia, tesoro, incluso el mejor de los matrimonios es una empresa difícil y el secreto consiste en contentar a tu marido y estar en casa junto a tus hijos. No te alejes del camino que has escogido.»

O bien:

«Dirige tu hogar con guante de terciopelo, para que no se note que haces tu voluntad. Obliga a tu marido a respetarte.»

Y también:

«Todo lo que no sea esto te llevará al fracaso.»

Los consejos de la señora Darling respecto del amor a menudo dejaban a Sophia malhumorada, recelosa y muerta de ganas de rebelarse. Casi siempre las palabras de su madre impulsaban a Sophia a salir de su casa y a dirigirse al depósito de la cantera, donde nadaba con fieras brazadas que cortaban el agua. ¿Cómo podría hacerle comprender a su madre que ella tal vez no quería «sentar la cabeza», o que le producía un intenso placer esa pura y escueta sensación de estar sola? Otros días, cuando se hallaba atrapada en casa junto a la soledad de su madre, Sophia anhelaba con frenesí estar casada, pertenecer a alguien. Amar y ser amada. Y sentía un gran temor de que eso no ocurriera nunca.

Su propio padre había desaparecido tiempo atrás, pues había abandonado a Sophia y a su madre durante la Gran Depresión. Sophia intenta imaginarse cómo habrían sido sus vidas si él no se hubiera marchado. Cada vez que ella le preguntaba a su madre: «¿Por qué papá no está aquí con nosotras?», su madre se examinaba las uñas o se alisaba la falda para borrar arrugas imaginarias y le decía: «Porque no seguí mis propios consejos, los que te doy a ti». Sin embargo, Sophia seguía recelosa, nada convencida de que aquél fuese el camino para llegar a ser una mujer de éxito –una esposa–, porque ¿cómo iba a desear un hombre que su chica se comportara de aquel modo? Pero eso no se podía preguntar. Por otro lado, ¿cómo no iba a querer a una mujer tan sumisa? Pero Sophia no desea ser como su madre, una mujer que se equivoca respecto al lugar que ocupan los hombres.

Apenas recuerda al hombre que la engendró, no obstante siente su ausencia de un modo desgarrador. Rememora aquellas noches en que él la arropaba en la cama y le cantaba *Bye, Bye, Blackbird* o *Pennies from Heaven*. O quizás una canción de amor italiana poco conocida. La señora Darling se empeñaba en afirmar que Sophia era demasiado pequeña para guardar recuerdos de aquel hombre («Ese hombre errabundo», decía); sin embargo, Sophia lo recuerda, y le asusta pensar que tal vez ella se parece a él en algún aspecto. Quizás ella sea también una persona errabunda.

Sospecha que su madre tuvo la culpa de aquel abandono; pero también se pregunta si lo que sucedió fue que él se sintió incapaz de proporcionar aquella enorme cantidad de amor necesaria para sustentar a una esposa y una hija.

Sophia no puede sacudirse la influencia de su madre, no podría decirle: «No, ésta no es la vida que quiero llevar». No podía decírselo. Eso era debido a que había crecido sin padre pero añorándolo constantemente; a que cada día su memoria se había visto asaltada por un confuso recuerdo de él. Esa mezcla de ausencia y de nostalgia había sido su piloto y su compás; le había roto el tierno corazón, aunque no de una sola vez con un enorme crac, sino mediante grietas imperceptibles y delgadísimas fisuras. También le había desportillado su perímetro, dejándola con una víscera que en lugar de tener una silueta suave y voluptuosa presentaba un perfil anguloso y biselado.

Si hubiera sido posible coger el corazón de Sophia y ponerlo boca abajo, a lo que más se parecería sería a una punta de flecha de confección tosca, una flecha que no se podía disparar porque carecía del mástil y de la cola con que sujetarla al arco, pero que aun así tenía una punta capaz de perforar la carne.

Pobre Sophia. Genuino vástago de sus padres: la madre que se quedó y el padre que se marchó para no regresar. Pobre Sophia, que teme volverse como su madre, que echa de menos a un padre que apenas conoció. Por eso se obliga a sí misma a saltar desde sitios muy altos, para tratar de comprender su propio y peligroso corazón.

Cuando Preston Richards pasa a recoger a Sophia, tal como han quedado, aún es de día y el calor veraniego ha menguado muy poco. Se siente tonta e incómoda con su maquillaje, pues está segura de que el sudor lo convertirá en churretes que le correrán por la cara de un modo nada atractivo.

La señora Darling dirige sonrisas afectadas a Preston y (Sophia se horroriza) flirtea con él. Preston también sonríe y le sigue la corriente, hasta tal punto que a Sophia le entran ganas de sugerirles que salgan los dos juntos a disfrutar de la velada. Que sea su madre la que vaya toda pintada y luzca una extraña cara de muñeca.

También el vestido, muy ceñido en la cintura y ajustado al busto, hace que Sophia se sienta aprisionada. Gracias a Dios que la guerra no le permite llevar medias, porque en tal caso debería haberse puesto más ropa interior con ese calor terrible. Inhumano.

Después de haber dejado a la señora Darling sonriendo ante la puerta de la casa, Sophia no tarda ni dos minutos en proponer:

–Vayamos a la cantera.

–Mi canción favorita –le dice Sophia a Preston mientras avanzan por el camino que conduce a la cantera– es *Sería maravilloso tenerte a ti esperándome en casa*. También me gusta mucho Frank Sinatra.

–Yo soy un fan de Miller. Es el mejor –le confiesa Preston–. Hace que tenga ganas de bailar. –Aparta una rama y espera a que pase Sophia–. ¿A ti te gusta bailar?

–Sí, pero no lo hago con mucha elegancia.

Preston recuerda sus muslos largos y musculosos, ahora cubiertos por la falda del vestido, y no logra imaginarse a Sophia moviéndose sin elegancia. Anhela abrazarla en una atestada pista de baile y le dice:

–Eso es porque nunca has bailado con la pareja adecuada.

–¿Tú crees?

–Tenlo por seguro.

Mientras Sophia lo precede a través de un muro de hojas al parecer impenetrable, pero que se abre permitiendo ver la cantera, él le dice:

–Oye, no me dijiste que aquí había algo así como una piscina.

El remanso de agua está rodeado de rocas que el desgaste ha vuelto suaves y lisas.

–Es la mejor de las piscinas –le corrige ella–. De hecho, voy muy pocas veces a la piscina. Fue una casualidad que ayer me vieras allí. Casi siempre vengo aquí.

–Me encanta –dice sin volverse hacia ella–. Este sitio se parece a ti.

Sophia lo mira abiertamente, asombrada por su comentario. De pronto, como si hubiera tomado una brusca decisión, le indica:

–Muy bien, quédate aquí y no te muevas.

Preston la observa quitarse el vestido y librarse en dos patadas de los zapatos. Sophia está descalza y en ropa interior.

–No me sigas –le ordena volviendo la cabeza hacia él mientras se dirige a un saliente de las rocas que rodean el depósito. Camina con atlética naturalidad y paso seguro, y (Preston se fija en ello) va alisándose el pelo con ambas manos, apretándose la punta de la nariz y estirándose las perneras de las braguitas, como si acabara de salir del agua. Cuando Preston la ve separar los brazos como un funambulista, se imagina que el sendero rocoso se estrecha, pero luego, al dejar ella caer los brazos a los costados, el sendero parece ensancharse y el andar de Sophia se hace más relajado, como si no estuviera tan atenta a guardar el equilibrio. La criatura relativamente pequeña que es Sophia está en la cima de una roca a más de cuatro metros de altitud. Permanece un momento inmóvil en la creciente oscuridad y luego, clic, abre los brazos y los alza para después saltar. Su cuerpo taladra el agua de un gris oscuro (el color de sus ojos, piensa Preston).

Está tan bonita que él siente deseos de aplaudir.

De pronto, tiene miedo de que ella no vuelva a la superficie, de que haya sufrido un extraño accidente allí bajo el agua oscura, y se pone frenético. Se desprende a toda prisa de los zapatos y se echa vestido al agua, en la que enseguida ve surgir la brillante cabeza de Sophia.

Con un estrepitoso chapoteo, Preston nada hasta ella y la abraza con fuerza. La empuja hacia la base de la roca de la que ella acaba de saltar y mientras la sujeta con un brazo, con la otra mano le levanta la barbilla; pero no antes de que ella le sonría descubriendo aquel hueco entre los dientes superiores, un hueco que él se apresura a llenar con la lengua antes de besarla.

La tierra, como solía decir Preston, a veces se asemeja a algún lugar extraterrestre. Fíjate si no en el Sahara o, si prefieres un sitio menos lejano, en el Valle de la Muerte. La arena que pisas en el desierto de California llamado Joshua Tree parece polvo lunar. Sólo alguien carente de imaginación no se daría cuenta de lo fácil que es confundir con Marte el rojo paisaje lunar del abigarrado desierto de Sonora. Y, dado que la tierra contiene muchas de esas raras planicies, basta un ligero esfuerzo mental para comprender que viajar por todo el mundo equivale a pasear por las galaxias.

Quizás imbuido de ese estado de ánimo, Preston le habla en susurros a Sophia, a quien mantiene abrazada en el agua que se ha vuelto helada, acerca de un asteroide de forma extraña llamado Eros que gira alrededor de la Tierra dando vueltas sobre sí mismo, cosa que no resulta difícil porque sólo mide veinticuatro kilómetros de largo por ocho de ancho. Como es relativamente plano, ya que su grosor es de siete kilómetros, uno podría acercarse al borde y observar el cielo nocturno y las estrellas y los espacios celestes.

–Sería una buena idea –propone Preston– agarrarse al borde para asomarse a mirar.

El pesado cuerpo de Preston, completamente vestido, aprieta a Sophia contra la pared de piedra. Él empieza a acariciarle la parte interna de los muslos, después le separa las piernas y se acomoda entre ellas. Sophia se queda sin aliento, cree que nunca podrá volver a respirar, pero que se ahogará tan contenta, que ya siempre tendrá esta sensación de calor por dentro y frío por fuera. Sabe lo que dirá sin vacilar: Sí.

Y todo esto sucede porque la cantera le pertenece a ella.

De súbito, se imagina caminando por Eros con Preston, ve el cielo estrellado que titila a su alrededor mientras ella intenta resistirse a esa misteriosa atracción que la impulsa a asomarse por el borde. Sabe que su padre se arriesgaría a hacerlo, que se asomaría a mirar, mientras que su madre se haría la remolona detrás de él.

Preston retuerce la camisa y el pantalón para escurrirles el agua. Sophia es incapaz de mirarlo, pese a que los calzoncillos de Preston no son muy diferentes del bañador que él llevaba el día anterior cuando estaban sentados al lado de la piscina. Sophia ha vuelto a ponerse el vestido, en el que el sujetador y las braguitas mojados dejan grandes manchas de humedad, justo sobre el pecho y las caderas.

–Si nos quedamos un rato aquí sentados, el aire nos secará –dice Preston.

–No sé cómo voy a explicarle esto a mi madre.

–Oye, si cuando regresamos estamos secos, no lo sabrá.

Sophia lo mira fijamente.

–¿Bromeas? Mira cómo llevas la ropa. Mira qué cara tengo.

Sus miradas se cruzan y durante unos momentos guardan silencio.

–Todo irá bien –dice él–. Fíjate en esto. –Coge un trozo de cuarzo blanquecino y se lo muestra en la palma de la mano–. Está compuesto de ángulos y planos. Si lo rompiera se partiría de una forma determinada que se llama escisión. –Le entrega el cuarzo a Sophia y se recuesta hacia atrás, apoyado en los antebrazos–. Sería distinto de una fractura porque una fractura es una rotura cualquiera. Sin embargo, una escisión se parece más a la separación de unos siameses.

Mientras pone a secar sus prendas de vestir, Preston revive mentalmente el momento en que ha abrazado a Sophia, el singular sabor de la muchacha cuando la ha besado; el olor a pescado de la piel impregnada de agua estancada. La creciente oscuridad los va envolviendo, y al mirar a la muchacha, con los pies sucios de barro y el vestido mojado, Preston se siente anonadado por un ansia de tenerla siempre junto a sí. «Apenas nos conocemos», piensa maravillado.

–Sophia Darling –le dice inclinándose para tocarla en el hombro–, no te abandonaré.

Ella levanta la vista y sopesa estas palabras, probando su resistencia como si fueran un puente que tiene que cruzar, luego sacude la cabeza.

–No sabes nada de mí –declara.

–«Sería tan bonito –canta Preston– volver a casa para quererte a ti.»

Sophia no esperaba que Preston se pusiera a cantar para animarla. Piensa que tal vez esté destinado a ser suyo, que ha acudido a buscarla a través de los años de sus vidas separadas, a fin de compensarla por la pérdida de su padre y para convertirse en el hombre que no la dejará.

Preston le explica a Sophia: «El sol está compuesto de trozos de astros. La tierra, las plantas e incluso nosotros somos el producto de las mismas nubes de gas y de polvo. Podría decirse que estamos hechos de polvo de estrellas». Se calla y luego prosigue: «Otra cosa más acerca de las separaciones; no hay dos que sean iguales».

Una vez que sus ropas están secas, Preston la levanta en vilo (la falda resbala descubriéndole las piernas) y la lleva así hasta el camino.

–Déjame en el suelo –le ordena Sophia riendo–, vas a hacerte daño. –Como él no le hace caso, insiste–: Anda, déjame ya.

Pero Preston continúa llevándola en brazos mientras canta *Polvo de estrellas*, *El tiempo pasará* y *Mi hombre*, melodías que prologa con la siguiente advertencia:

–Haré ver que soy tú cantándome a mí –y adopta un agudo falsete de niña.

Sophia cruza los brazos y se mantiene callada.

–Pesas menos que una pluma, guapa.

–¿Entonces por qué resoplas y sudas?

–Porque soy un hombre. –Pronuncia la palabra «hombre» con voz profunda y resonante.

Sophia se echa a reír.

–«Durante el resto de la noche –canta él–, te lo diré todo cantando.»

Así que durante todo el camino de regreso hasta el coche, Preston entona todas sus preguntas y respuestas a Sophia, y ella reacciona tomándole el rostro entre las manos y besándole en la boca.

–«No te cortes y únete a mí» –canturrea él en cierto momento.

El interior de la casa está en tinieblas. Sophia entra justo delante de Preston. Su madre está esperando, sentada a oscuras en el salón. Cuando Sophia da la luz, los ojos de la señora Darling no pierden un solo detalle, desde la ausencia de maquillaje en la cara de su hija hasta el estado lamentable de la ropa de Preston. El roce de la mano de él sobre la mano de Sophia. Pero todo lo que dice es:

–¿Quiere usted a mi hija?

–No –contesta Sophia con rapidez, mientras que la voz de Preston ahoga la suya al responder a su vez:

–De hecho, señora Darling, sí la quiero –lo cual hace que Sophia vuelva a declarar con énfasis: «¡No!».

La señora Darling suspira, se derrumba en el asiento y murmura (al parecer, para sí misma):

–Entonces, ¿qué vamos a hacer? –No es una pregunta, más bien una meditación–. Usted no es de por aquí, ¿verdad? –inquiere.

–No –responde Preston–. Todavía estudio en la Universidad de Arizona. Pero puedo llevarme a Sophia.

La señora Darling vuelve la cabeza y observa la noche que se adivina a través de la oscura ventana, luego mira de nuevo a Preston con expresión furiosa.

–¿Cree que así me va a consolar? ¿Diciéndome que va a llevarse a mi única hija? –Su voz tiene un extraño tono de asombro–. Eso sería abandonarme. –Se lleva el puño a la boca–. Me quedaré sola.

–La quiero –acierta a decir Preston. Después añade–: Creo que incluso la necesito.

Naturalmente, Sophia no ha terminado aún los estudios preuniversitarios y Preston debe obtener la licenciatura. Aunque Sophia va a echarle de menos, la partida de Preston no la hace sentirse desdichada.

Desde la tarde que pasaron juntos en la cantera, ella no ha regresado allí, pues prefiere nadar en la piscina municipal. Se dice que eso es porque le gustan las multitudes; porque el recuerdo de aquel día y la añoranza de Preston se hacen más intensos en la cantera. Pero se trata de algo más. La cantera era su lugar secreto. ¿Por qué lo llevó allí? Para que él pudiera verla en toda su integridad.

Recuerda el día en que tembló entre sus brazos.

Lo que hubiera querido decirle por encima de todo era que la ilusión de su vida consistía en viajar con él por el mundo entero, para nadar en las diversas masas de agua que jalonan la Tierra. Flotaría en el mar Muerto, chapotearía en las olas del Mediterráneo. O se estremecería en el frío vigorizante del Pacífico del Norte; se deslizaría durante horas en la azul calidez del Pacífico de Hawai. Se daría un chapuzón en los mares del Sur. En el agua del Caribe, en el río Smith y sus afluentes, y seguramente se lavaría la cara con el agua de un gélido fiordo.

Mientras ella nada, su marido estudiará las alteraciones de esta tierra tan variable; examinará las rocas cretosas de Dover, las áridas dunas de un rojo dorado, observará las estrías de requemadas colinas costeras que la presión de las placas tectónicas ha convertido en hercúleos arcos de estratos rocosos. Coleccionará geodas, tan feas por fuera y tan maravillosas por dentro. Granito, esquisto, gneis, cuarzo rosado, mica, olivino, sanguinaria, obsidiana. Piedra volcánica. El agua desgasta la piedra, que es tierra que va al océano. Y Preston le ofrecerá sus hallazgos, desde su mano a la de ella (como hizo aquel día en la cantera), mostrándole lo que sólo él es capaz de ver. Sophia se volverá más fuerte y delgada, nadando y buceando, con Preston a su lado, en ese maridaje de elementos básicos presentes en la naturaleza.

Pero de algún modo todo se volvió contra ella dejándola con la sensación de haber empañado algo que antes permanecía puro y claro en su interior. Había querido que él la viera zambullirse desde lo alto de una roca; había querido exponerle todas las posibilidades que ella encarnaba, pero mientras lo hacía había descuidado decirle esa cosa tan fundamental acerca de sí misma. Le había entregado su cuerpo sin revelarle lo que atesoraba en el corazón.

Así debe de ser la vida en Eros, piensa Sophia, sin saber nunca cuándo te has arriesgado a acercarte demasiado al borde, ofuscada por la arrebatadora visión del centelleante firmamento, e inconsciente del peligro.

¿Ama realmente a Preston? Casi no se atreve a preguntárselo.

El primer sistema de irrigación conocido en el mundo se construyó alrededor del año 3000 antes de Cristo en India y Egipto. Pero hay diversos sistemas de riego, dependiendo de la clase de cultivo. Ningún agricultor que se considere entendido regaría una plantación de arroz con el mismo método que una de cítricos: los arrozales deben ser inundados, mientras que los agrios prosperan con un riego por aspersión. Hay que tomar en consideración la capacidad del suelo para absorber el agua.

El agua es reina en las tierras de labranza de California.

Lo que más se cultiva en los alrededores de Grasse es el algodón, la vid, la alfalfa y las patatas. Pero hay otro tipo de producto igualmente importante para el condado de Kern: el petróleo, en cuyo yacimiento se eleva la torre de perforación que con sus mañas trata de sacar a la superficie el combustible compuesto de fósiles terrestres.

Este mundo acuoso en el que los océanos cubren más superficie que las masas continentales, en el que todo, excepto el núcleo de la esfera terráquea, está formado por fluidos en perpetuo movimiento.

Incluso los continentes flotan sobre corrientes de rocas licuadas.

Sophia y Em están pescando en una acequia de riego. No es un sitio especialmente pintoresco para pasar la mayor parte del día, sin embargo ahí están. Saben que hay otros lugares donde la pesca es más abundante, pero acuden ahí de vez en cuando, como solían hacer cuando eran niñas. Los árboles bajo los que están reclinadas y los sombreros que llevan no las protegen mucho del sol, pero Sophia resiste la tentación de saltar al agua; nadie en su sano juicio se metería en el agua estancada del canal.

Em le está diciendo a Sophia que tiene suerte de salir con Preston Richards, que posee dos buenas bazas a su favor: no está combatiendo allá lejos en el Pacífico ni procede de los alrededores.

–¿Sabes lo que eso significa, Soph? Que podrías marcharte de Grasse. Podrías casarte con él y abandonar este lugar.

–Mi madre y tú –dice Sophia– no pensáis más que en el matrimonio.

–Bueno, ¿y qué?

–No estoy segura de que eso sea bastante.

–¿Bastante qué? –Em apoya los codos en las rodillas pero sigue mirando a su amiga.

–Bastante aventura, quizás, o amor, o felicidad, o... –Se echa a reír–. O tal vez lo que quiero es embarcarme en un vapor volandero hasta Hong Kong y beber cócteles helados en Singapur.

Em enrolla el carrete de la caña de pescar, repone el cebo («Creo que he notado un tirón»), y levanta del puente de su naricita las gafas de sol para enjugarse el sudor.

–Entonces, ¿por qué sales con él?

La voz de Sophia adquiere un matiz de vehemencia.

–Mira, creo que él es diferente; creo que con Preston

podría llevar la clase de vida a que aspiro. –Vacila un poco y prosigue–: De hecho, no quiero casarme, nunca. Pero cuando pienso en Preston convertido en marido sólo me veo a mí como su esposa. –Observa soñadora los campos interminables que se extienden al otro lado del agua–. No sé ni de qué estoy hablando.

–Opino que si lo dejas escapar, te arrepentirás. Ya será de agradecer que te saque de aquí.

–Sí –asiente Sophia quedamente–. Necesito que me rescaten. –De pronto nota un escalofrío porque le parece oír el eco de la voz de su madre y la acomete el pasajero temor de que acaba de atraer sobre sí la mala suerte, de modo que acabará vieja y solterona y enormemente triste–. Sí que quiero casarme –se oye decir–. Una se casa. Tiene hijos. –Ha entonado estas palabras como si estuviera recitando.

–Niños –dice Em con una sonrisa–, muchos niños.

–Niños –continúa Sophia–, y todo es maravilloso. Todo será maravilloso, ¿verdad?

–Comprueba tu sedal –le aconseja Em.

–Él dijo que podría seguir siendo Darling.

–¿Qué?

–Cuando nos conocimos, Preston dijo que podría conservar mi apellido.

–Ya –dice Em–, como si eso te apeteciera.

De nuevo Sophia siente ese anhelo irresistible de echarse al agua. De sumergirse, de purificarse. Se imagina a sí misma nadando a lo largo de la acequia hasta que ésta desemboca en un río, que luego se vierte en el mar. Sus brazadas son parejas, potentes y perfectas.

–Tengo demasiado calor para pescar –suspira al tiempo que deja la caña en la hierba–. Vayamos a la piscina.

–Tú y esa estúpida piscina –dice Em, recogiendo el sedal. Arranca el cebo y sostiene el sedal con los dientes mientras guarda el anzuelo en la cajita de los aparejos.

Pero Sophia permanece tumbada, inmóvil sobre la hierba, con el sombrero cubriéndole la cara.

En Arizona, Preston rememora el momento en que mantuvo a Sophia entre sus brazos, dando satisfacción al impulso primario que sintió al verla aquel día en la piscina, y enteramente complacido al notarla estremecerse junto a él. Fue entonces cuando descubrió la necesidad imperativa de tenerla siempre a su lado.

Cuando ella se estiró entre el cuerpo de él y la pared de piedra, Preston comprendió que una existencia dedicada a buscar rocas y minerales sería una vida fría, rígida y literalmente dura si no estaba allí Sophia para interponerse entre él y su vocación. Vivir sin ella sería caer en una desconsoladora soledad, con el trabajo como única compañía. Sophia le libraría de su destino.

Sophia piensa que habría podido decirle a Em, mientras los sedales flotaban en aquella agua salobre, que está embarazada. Será un escándalo, su madre llorará y Em la defenderá; sin embargo no dice nada. Eso es algo que no puede comentar con nadie hasta que ella misma se enfrente a la situación. Significa que se convertirá en la esposa de alguien (la de Preston); significa que sentará la cabeza. Significa confiar en que Preston regrese a su lado cuando se lo diga a él también.

El fantasma de su padre se yergue ante ella como el personaje de una ópera alemana, y pronuncia palabras resonantes, hermosas y de oscuro significado. Vuelve a ser una niña, oye otra vez la entonación italiana de su voz, aquel idioma que no entiende pero cuyo significado está implícito: todas las palabras se enlazan para anunciarle que él se marcha.

Sophia no se vuelve más enjuta y fuerte (como creyó que se volvería si recorría el mundo entero nadando); se torna gruesa. Todo ese peso para la pequeña Duff, la primera hija de ambos. Sophia observa cómo se aleja de ella aquel sueño de proezas natatorias, un sueño que nunca podrá recuperar. Por un momento piensa en abandonar a Preston y a Duff, consolándose con la idea de que, pase lo que pase, se tendrán el uno al otro. «Vaya –comenta para sí–, no soy mejor que mi padre.» Se sienta y posa levemente la mano en la cabeza de Duff, que está durmiendo.

Además, está enfadada, y le dice a Preston que si ella ha de quedarse en casa con la niña, él también debe hacerlo. No va a permitirle que corretee por todo el mundo sólo para que a su vuelta él le entregue, como pálidos recuerdos, los tesoros que ha extraído de la Tierra. No viajará por todo el mundo ni examinará sus defectos.

–Sophia –dice él– ¿estás tratando de destruir mi investigación, mi carrera?

–Claro que no –responde ella–. Sólo digo que si tengo que quedarme, tú también.

–Pero no vas a quedarte sola. Tu madre vive aquí. Procura ser justa.

–Oh, por favor –dice Sophia–, hablemos de otra cosa.

–Cielo –insiste él cariñoso–, ten en cuenta que regresaré. Soy tu marido. Eso significa algo, ¿no? Tenemos una hija, una vida en común. –Le coge ambas manos entre las suyas.

–Eso no significa nada –dice ella–. El hecho de que estemos casados no quiere decir que vayas a volver. No significa un carajo. –Cuando él le suelta las manos, asqueado, Sophia añade–: Pregúntaselo a mi madre. –Y viendo que su marido se dispone a salir de la habitación, repite–: Pregúntamelo a mí.

Se espera que Sophia haga lo mismo que hizo su madre; ésa es la herencia del tiempo en que les ha tocado vivir. Sophia vive con la herencia de su madre, que a su vez vivió con la herencia de la suya. Nadie espera que realice los intrépidos viajes que ha imaginado o que siga sus propios deseos. Su época no fomenta esa clase de cosas. A veces Sophia contempla el paisaje que se extiende más allá de la ventana de su habitación y se pregunta qué habrá sido lo que la ha impedido ver el mundo, hasta que su ensoñación se ve interrumpida por el llanto de su hija que la reclama. Desde luego, sabe que existen aviadoras y actrices, pero ella no forma parte de su grupo; es una mujer mucho más corriente a pesar de que su vocación es similar.

¡Qué libre se sentía aquel día en la cantera con Preston! ¡Cuán fiel a sí misma! Recuerda que cuando se entregó a él en aquel momento de libertad física y sexual, sintió que acallaba la voz de su madre y dejaba a un lado todas las expectativas sociales de una chica como ella. Se ríe (mientras se aparta con desgana de la ventana del dormitorio para ir a atender a su hija) al rememorar las consecuencias de sus actos: su zambullida en el agua oscura, la caída en brazos de Preston y, por descuido, en la vida para la que la habían educado.

Hubo un tiempo, cuando Preston había vuelto a Arizona y desde allí le enviaba cartas de amor, en que ella creyó que realmente su matrimonio sería algo maravilloso..., antes de saber que iba a tener a Duff y cuando todavía pensaba que no sería una mujer de su época, sino que llegaría a ser una de esas mujeres que veían y hacían cosas. Y, además, estaría con Preston.

Pero aquello terminó aun antes de empezar.

Porque la suya no era una época en que las mujeres podían nadar libremente, sin las trabas de la vida doméstica que les esperaba; no era su época.

Ella era sólo Sophia Darling. En ocasiones se lo decía a sí misma mientras matriculaba a los niños en actividades extraescolares, colaboraba con la Asociación de Padres y Profesores en la recogida de fondos o recolectaba los objetos desechados por sus vecinos para las ventas de caridad. O cuando estaba sentada y confeccionaba el quilt en silencio; se decía: «Soy Sophia Darling. Eso es todo».

Ser la señora de Richards provocaba cierto respeto, y con el nacimiento de Duff había ingresado en la esfera de la maternidad. Incluso ser «la hija de la pobre señora Darling», la hija de su madre, le aportaba una modesta medida de notoriedad en la comunidad. Ésos eran las identidades y los papeles de Sophia, los papeles de los que llegó a recelar a causa de la sensación de duplicidad que tenía cuando los desempeñaba. De modo que decir «Soy Sophia Darling; Eso es todo», equivalía, en ese sitio y esa época, a admitir que no era nadie.

Preston y Sophia han tenido dos hijos más después de Duff: un chico, Preston, y una niña a la que han puesto Edie. Una vez por semana, Em pasa a recoger a Sophia y juntas van andando a casa de Glady Joe Cleary, donde hacen patchwork con otras seis mujeres. Así Sophia llena una velada que de otro modo hubiera pasado dedicada a no hablar con Preston o a hablarle a través de sus hijos. Sophia espera que él se queje, que muestre alguna señal de estar descontento con ella, porque está preparada para señalarle que es una esposa perfecta en casi todos los sentidos. En ocasiones Sophia piensa que se esfuerza en alcanzar la perfección únicamente para refregársela a él una de esas noches en que Preston trata de enzarzarse con ella en la consabida discusión acerca del Estado de sus Vidas, cuando le confiesa lo desdichado que se siente al analizar muestras de suelo para los terratenientes de los alrededores de Grasse.

De vez en cuando, Sophia se lo imagina embutiendo en lo más hondo de su ser el deseo de marcharse a visitar todos aquellos lugares de los que juntos hablaran hace ya tantos años.

Aunque, si ella procura volverse tan perfecta, tan irreprochable en su conducta, él se verá obligado a quedarse, no tendrá ninguna razón legítima para irse. Se le ocurre que Preston se parece a su propio padre en más de un sentido.

Hay días en que Sophia desea abandonarlo todo, meter a los críos en el coche y largarse con Preston a todos aquellos sitios. Contemplar las cosas que se muere por ver y enamorarse de nuevo, como si el amor no fuese un sentimiento finito, sino algo fluido y cambiante, algo que puede experimentar flujos y reflujos como las mareas del océano. Sophia desea decirle a Preston que lo quiere, desea ser menos esclava de sus hijos; pero en lugar de eso pasa una velada por semana ensamblando trozos de tela con un grupo de mujeres. Como si pudiera ensamblar todas las cosas que tiene dentro, coserlas juntas y hacer que aparezca una unidad entera y perfecta.

A los dieciséis años, Duff le dice a su madre que quiere ir a la universidad.

–Cariño –le dice Sophia–, no podemos permitirnos enviaros allí a todos y, además, estudiar es más importante para Pres que para ti o para Edie. Cuando te hayas casado lo comprenderás.

(No resulta corriente que unas chicas como las hijas de Sophia sueñen con estudiar en la universidad, dados su aislamiento en Grasse y la época en que viven, 1950. Pero son muchachas modernas, a pesar de su madre.)

Duff quisiera poderle hablar a su madre de estos años de adolescencia, pero Sophia se limita a estar sentada con Duff y Edie, platicando pensativa y con una mirada soñadora sobre los nietos que éstas van a darle. Duff dice:

–Mami, no estoy segura de que eso sea lo que deseo. Creo que debe de haber algo más, algo distinto.

Al oírla, Sophia se pone rígida y contesta:

–No hay nada más.

Ha adquirido mucha habilidad para descartar las palabras que no quiere oír.

«Duff –se dice Preston al pensar en su hija–, Duff es estupenda.» Quizá demasiado seria y tensa en ocasiones, pero está dotada de una inteligencia muy viva. La lleva a recoger muestras de suelo, camina junto a ella. Le presta su propia lupa para que examine los ángulos de diversos minerales. Le enseña a interpretar la escala que atribuye un grado de dureza a cada mineral. Le explica la diferencia entre rocas y minerales. Ilustra, mediante los movimientos de sus manos, cómo se produce una falla lateral o el derrumbe de un estrato. Juntos dibujan mapas topográficos y charlan sobre el período de radiactividad de los minerales y sobre el deslizamiento de las placas continentales.

Duff es a veces muy divertida... y no es que Preston se ría a menudo de sus bromas: no sabe por qué, pero al parecer eso ya no está a su alcance. ¿Cuándo se convirtió en padre y dejó de ser Preston Richards? Preston se reiría, cree él, con la comicidad de su hija, pero como padre no puede permitirse este lujo.

Preston, su hijo, se parece mucho a Sophia. Tiene los mismos ojos grises y profundos y, como ella, es delgado y se mantiene erguido. Incluso ha heredado esa separación entre los dientes delanteros. Sin embargo, para su hijo el agua no posee ese mágico atractivo; le gusta nadar para refrescarse y nada más. En el chico hay algo que Preston no acierta a definir..., cierta independencia de espíritu que su propia manera de ser tan devota del deber le obliga a refrenar. A Pres le preocupa su madre.

La otra noche, después de cenar, presenció cómo hablaban mientras Sophia lavaba los platos metiendo y sacando las manos del agua jabonosa y luego los aclaraba bajo un fuerte chorro de agua clara. Después se los fue pasando a Pres, quien, de pie junto a ella, se mostró casi incapaz de responder a las preguntas que su madre le hizo sobre sus planes con respecto a la universidad.

–Porque tú quieres ir a la universidad, ¿verdad? –le preguntó ella.

–Claro –dijo él.

–¿Has pensado a cuál te gustaría asistir?

–No. Sí. Tal vez... –dio muestras de concentrarse en el tema; dio muestras de evitar la mirada sosegada de los grises ojos de Sophia– en el este o quizás en el sur. Donde sea, en cualquier sitio menos aquí.

Sophia asintió. La pechera de su blusa se hallaba salpicada de gotas de agua, como si hubiera estado tumbada en el suelo durante un chaparrón estival.

–No es que no vaya a echarte de menos –se apresuró a añadir su hijo.

–Ni se me ha ocurrido pensarlo, cielo.

–Bueno, la verdad es que tienes a papá. Y a Edie. Y vendré a casa en vacaciones. Apenas me echarás de menos, ¿no?

Sophia quitó el tapón del fregadero y escuchó cómo el agua se escurría por el desagüe. Le dirigió una sonrisa a su hijo.

–Eres un chico muy raro –dijo.

Ese diálogo hace que Preston padre sacuda la cabeza, porque sucede lo mismo cuando él habla con Pres sobre la universidad. Su hijo tiene ganas de irse a estudiar lejos, ya sea al este o al sur, pero no puede referirse a eso sin repetir una y otra vez:

–¿Y qué pasará con mamá? ¿Estará bien, papá? ¿Seguro que si me voy estará bien?

A Preston se le escapa la risa.

–Pres, claro que estará bien. Yo seguiré aquí. Dios sabe que no me voy a ir a ningún sitio.

Eso parece tranquilizar a Pres, pero sólo hasta que la misma preocupación le vuelve a asaltar.

La que más se asemeja a Preston es Edie. «¿Y eso qué significa? –se pregunta él–. ¿Quién soy yo? ¿Qué significa parecerse a mí? –Ladea varias veces la cabeza–: ¿Soy un romántico? ¿Un trotamundos?» Seguramente no es ninguna de las dos cosas, si repasa su vida. En cierta época fue alguien que actuaba sin pensar en las consecuencias, que actuaba siguiendo un impulso nervioso. Como su boda con Sophia, su novia pez, que se adaptó al hogar y al amor con una especie de furia, como si tuviera que demostrar algo o pagar una deuda.

Es a Edie a quien deberían vigilar, a Edie, que parece tan candorosa y abierta. Es Edie la que será capaz de sorprenderlos.

Sophia no disfruta con la libertad de color y diseño que ofrece el *Patchwork Loco*. Sus compañeras de costura planean sin cesar hacer uno, pero luego desechan la idea para centrarse en cualquier otro proyecto diseñado por Anna Neale.

Sophia prefiere el reto que representa una plantilla establecida y tradicional. «Éste es el auténtico reto –se dice–, trabajar dentro de unos límites estrechos. Aceptar lo que una no puede poseer, aquello de lo que una no puede desviarse.»

Em, ya casada con Dean Reed y madre de una niña, le pregunta una tarde a Sophia mientras se dirigen a casa de Glady Joe para trabajar en el quilt:

–¿Cómo anda Edie estos días?

–Bien. ¿Cómo está Inez?

–A Inez –declara Em al hablar de su propia hija– le va bien. Pero Edie... –Ha bajado la voz, que se le apaga antes de completar la frase.

Llegan a casa de Glady Joe y Sophia se hace el propósito de preguntarle después a Em, cuando el grupo se separe, qué trata de decirle respecto de Edie.

Por descontado, a Sophia se le olvida, y mientras yace en la cama junto a Preston, devanándose los sesos para recordar qué demonios ha dicho Em durante el paseo, descubre que todo lo que recuerda es que la respiración de Em formaba unas nubecillas azules y vaporosas en el frío aire nocturno.

–Es para ti –dice Preston mientras arrastra a Sophia de la mano hasta el jardín de atrás.

–¡Oh, Pres! –exclama ella. Porque allí, ante sus ojos, hay un pequeño estanque que su marido le ha construido como regalo por su vigésimo segundo aniversario de boda.

–Pensé que podrías chapotear en él, criar peces o hacer lo que te apetezca. Creo que es lo bastante profundo.

Se sentía tan orgulloso del regalo que le hacía, tan satisfecho cuando ella se sentó en el pequeño talud y se echó a llorar tapándose la cara con las manos.

Más o menos hacia la fecha en que Edie cumple dieciséis años, Sophia la mira con detenimiento mientras su hija, con la espalda apoyada en la puerta abierta del refrigerador y la cabeza echada hacia atrás, bebe a morro de una botella de zumo de naranja. Sophia advierte cómo se mueven los músculos de su garganta al tragar el líquido. Se dispone a decir: «Cariño, ¿por qué has de llevar siempre esa horrible cazadora?», cuando algo le llama la atención. La delgada silueta de Edie se ha ensanchado por la cintura y se ha hinchado por delante, algo más abajo, mostrando la curva inequívoca del vientre.

–¡Oh! –exclama Sophia, haciendo que Edie se vuelva hacia ella, muy colorada, y meta con torpeza la botella en la nevera al tiempo que se ajusta la cazadora. Que prepara la retirada.

–Mira, mamá –empieza a decir–, no era mi intención beber de la botella. –Mientras, Sophia casi enmudece: «¿Cómo anda Edie estos días?».

Edie está temblando. Sophia dice:

–Edie... –pero no puede acabar la frase.

Entonces su hija grita:

–¡Te he dicho que lo siento! –Y sale corriendo de la habitación.

Sophia se levanta despacio de la mesa, se alisa hacia atrás el pelo con las dos manos, esos cabellos que en un tiempo fueron negros y brillantes, pero que ahora están veteados de ásperas canas.

Se estira el borde del vestido y se aprieta la nariz. Luego, sube la escalera.

Cuando Sophia se asoma a la puerta del cuarto de Edie, ésta se halla sentada en la cama.

–¿Cómo has dejado que te ocurra esto? –pregunta su madre. Pero no dice: «¿Por qué no me lo dijiste antes?».

–No he sido yo sola –contesta Edie.

Sophia suspira, se acerca a su hija menor, cuya esbelta figura tanto se parece a la de Sophia a esa edad.

–Deja que se lo diga yo a tu padre, a mi manera. Supongo que el chico tendrá que casarse contigo.

Edie aparta la mirada de sus ojos tristes.

–No estoy segura de eso.

–Claro que se casará contigo, cielo –dice bajito, queriendo reconfortarla–. El matrimonio no es tan malo. Ya verás.

Sophia no puede sentirse realmente contenta ante el cariz que han tomado los acontecimientos, sin embargo es capaz de aceptarlo como algo inevitable. Tarde o temprano, su hija se iba a casar y, después de todo, Sophia sólo tenía diecisiete años cuando conoció a Preston. Sophia pasa el dedo sobre la colcha, trazando el dibujo para el precioso quilt de cuna que confeccionará con el grupo. Un diseño que contendrá corderos y conejitos.

–No me refiero a eso –dice la muchacha–. Me refiero a que creo que no lo quiero por marido.

Sophia no alcanza a responder. No puede hacer un quilt para un niño que no tendrá un apellido como Dios manda.

Cuando una noche Em le susurra a Sophia mientras trabajan con las demás en la confección del quilt: «Podrías volver a considerar el darlo en adopción», Sophia reacciona contestando en voz muy alta: «Esto no es asunto tuyo, Em». Después alza la vista del quilt en el que están trabajando y ve que Anna Neale la está observando con frialdad.

Preston se encuentra sentado junto a Sophia en el borde del pequeño estanque que ella nunca utiliza. Su mujer le está diciendo que deberían mandar a Edie a una residencia en Colorado para dar a luz al bebé, y luego hacerla volver a casa para terminar el instituto.

Preston se limita a decir:

–¿Serías capaz de entregar a otra gente a un niño que es nuestro?

–Preston, este niño no es nuestro. Es hijo de Edie.

–Pero Edie es hija nuestra –insiste él.

–Sí.

–No te entiendo, Sophia.

–¿Qué es lo que no entiendes? Te lo voy a explicar: si ella quisiera casarse con el muchacho, yo no pensaría lo mismo, pero se niega a hacerlo. No quiero tener en mi casa a una niña criando a un niño fuera de los sagrados lazos del matrimonio. Sí, el matrimonio. Responsabilidades de persona adulta. Sería muy bonito que todos pudiéramos hacer lo que el corazón nos pide.

Preston la ha escuchado en silencio.

–Es nuestra hija. La echaré de menos.

–¿Y yo no? –Sophia salpica con furia el agua del oscuro estanque–. ¿Por qué siempre se supone que los demás pueden obtener lo que desean? –Casi se sobresalta ante ese papel de madre, esa voz de madre que sale de su boca con tanta convicción. Ese papel del que ella por fuerza desconfía; ese papel del que no consigue desprenderse de buen grado.

–¿Por qué nunca utilizas el estanque? –pregunta Preston.

–Tengo mucho que hacer, y tú lo sabes.

Él cabecea, asintiendo.

–¿Recuerdas cuando me llevaste a la cantera? Nunca he comprendido por qué dejamos de ir. Por qué dejaste tú de hacerlo.

Sophia se encoge de hombros.

–No lo sé. Cuando me convertí en esposa y madre, supongo.

La imagen de Sophia zambulléndose desde las rocas de la cantera le atraviesa la mente, y siente deseos de gritar, de decirle que la quiere y que la ha echado de menos. En lugar de eso se aviene a hacer averiguaciones para enviar a Edie a Colorado durante los meses de embarazo. Se pone en pie. Pasa junto a su mujer sin tocarla y va en busca de Edie.

Para una madre es casi imposible separar la realidad de una hija de la idea abstracta de una hija, y algunas mujeres jamás lo consiguen. Cuando Duff era una idea abstracta, lo primero que deseó Sophia fue que desapareciera; su primer impulso fue borrar aquel embarazo. No se trataba tanto de «librarse» de aquello como de anhelar que no hubiera sucedido.

Luego, al cabo de nueve largos meses llegó aquel bebé y, de pronto, Duff ya no fue una idea sino un hecho. No se planteaba amar a aquella niña. En absoluto. Y, debido a las circunstancias anteriores al alumbramiento (a saber, aquella incontenible afición de Sophia por el agua y la certeza de que Preston era quien la llevaría a esa agua..., o, visto de un modo más pragmático y menos soñador, el hecho de su cercana maternidad cuando no estaba preparada para ello, le pareció que el embarazo y el nacimiento eran dos cosas que nada tenían en común, y que ambas por separado tenían el poder de abrir y cerrar el mundo para ella.

También pensó Sophia que la mujer que no es capaz de acoger con alegría a su bebé desde el mismo instante en que cae en la cuenta de que éste existe es una mujer que vivirá una vida secreta, esperando siempre que nadie (y menos que nadie la nina, menos que nadie Duff) llegue nunca a sospechar que una vez su madre anheló que desapareciera.

A primeras horas de la mañana les telefonearon desde Colorado: Edie se había escapado en su noveno mes de embarazo, un mes peligroso. Había ido a recoger algo a la ciudad y ya no regresó. ¿Podría su padre o su madre, o bien los dos, acudir enseguida?

Preston contestó que iría él y, cosa curiosa, a Sophia la fuga de su hija no la preocupó en demasía; no sabía si con esa actitud suya se estaba portando como una mujer ignorante, insensible o confiada. Quizás ella también lo habría hecho. No, se dijo Sophia, ella se parecía demasiado a su propia madre para atreverse a cometer semejante acción, pero sabía que habría deseado hacerlo. Resultaba difícil saber ciertas cosas, pero intuyó la posibilidad de que Edie se presentara en casa de Duff.

Duff, que hace tiempo se trasladó a Chicago, es una soltera sin hijos («Vaya, me he convertido en una estadística moderna, mami») y es una mujer de carrera. Sophia no puede evitar imaginarse a Duff vestida con un elegante traje chaqueta e intercambiando agudezas con unos tipos del estilo de William Powell o Cary Grant; la inteligente, animada Duff. «Yo nunca habría sido una mujer de carrera –piensa Sophia–; quiero decir, que nadar no es una carrera.» Tal vez Duff acabe por encontrar al hombre adecuado; Sophia espera de todo corazón que así sea, porque la vida sin un hombre es muy solitaria; Sophia lo siente con mayor intensidad desde que Preston se fue a buscar a Edie. Todavía no ha regresado, ni siquiera ha dado señales de vida. Sophia no sabe ni dónde está.

Ella vive con Pres, que estudia en la universidad cercana, y cada vez que el chico habla de marcharse, Sophia empalidece y guarda silencio.

INSTRUCCIONES Nº 3

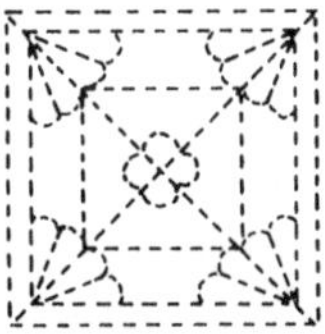

Al hacer el quilt, no subestimes la importancia de un borde confeccionado con esmero. Su función consiste no sólo en mantener separados los bloques, sino en englobar todo el conjunto, tanto literal como temáticamente. Pero antes de coger la aguja y calzarte el dedal, será mejor que ensayes la colocación de los bloques.

Cuando te dispongas a juntarlos, pégalos primero en las paredes del comedor o clávalos en las cortinas o despliégalos sobre la cama que compartes con tu marido. Debes imaginarte qué aspecto tendrán cuando estén unidos unos a otros. Reflexiona sobre lo que te une a tu esposo y sobre lo que a él le une a ti. Maravíllate ante la fuerza de este lazo que es a la vez abstracto y concreto, espiritual y legal.

Un inglés del siglo XIX dijo que los matrimonios concertados en el Cielo están sujetos a la voluntad de los ángeles o a la voluntad del Cielo. Y que cuando marido y mujer se van al otro mundo, se convierten en un mismo ángel. Éste es su hado, su destino. Tal pensamiento contiene para ti cierto atractivo.

Considera lo que es el noviazgo. Cómo te imaginaste que sería el matrimonio antes de que se celebrara la boda. Aunque tal vez tuvieras la mente ocupada en otras cosas antes de contraer ese lazo.

Piensa en cómo empezó todo con aquel primer beso.

Aquel beso dorado que pintó Klimt, un beso de total entrega que reluce sobre la tela. Un beso de reverencia, de deseo. El beso de la ola cuando roza la orilla. Neruda escribió: «En el amor te abandonas como agua de mar; apenas alcanzo a vislumbrar los ojos más preciosos del cielo y me inclino hacia tu boca para besar la tierra». Tu jardín que el sol besa. El beso que por vez primera unió tu cuerpo al de él.

Medita sobre el beso del alma que, cuando aún no había sobrevenido el siglo XX, significaba que los amantes intercambiaban sus almas boca a boca, lengua a lengua, y se las transferían el uno al otro como un excelso regalo y un acto de fe. Pero el cuerpo añora su antigua alma (incluso mientras ama a la nueva) y suspira por que se la devuelvan. Un quilt, pese a constituir un conjunto, siempre constará de partes separadas, individuales.

Comprendes esta soledad que proviene de entregar una parte de ti misma al hombre con el que estás casada, el hombre que en ocasiones debe ausentarse, que raras veces está en casa. A pesar de que el intercambio de almas conlleva la promesa del regreso.

Pon especial cuidado al acoplar los bloques; procura que armonicen los colores, los tejidos y las formas. No vaciles a la hora de inventar nuevas y diferentes maneras de unir entre sí los bloques; lo que queda bien en un quilt puede verse desastroso en otro. Tenlo presente cuando te asalten dudas acerca de tu diseño.

Utiliza sólo hilo de la mejor calidad. Recuerda que pretendes que tu quilt tenga una duración eterna. Tradicionalmente se emplea hilo blanco para coserlo, pero si crees que unas notas de color realzarán el trabajo, debes seguir tu impulso, aunque sería una buena idea asegurarte de que el color es inalterable antes de incorporarlo a tu obra. Una vez cosido el quilt, resulta difícil descoserlo sin reducirlo a millares de piezas sueltas. Evita el hilo de bordar, pues se ha demostrado que es susceptible de enredarse y deshilacharse.

Ojo con las roturas.

Al hacer patchwork, deberás decantarte por uno de los dos tipos principales de tiras: la de una sola pieza y la compuesta de varias piezas. La tira es el borde interior que separa cada bloque, mientras que el borde rodea todo el quilt... casi del mismo modo en que la promesa matrimonial abarca vuestra vida de pareja. La tira de una sola pieza se confecciona con un solo material, mientras que la compuesta de varias piezas nos permite utilizar más de uno en la superficie del quilt. La tira de pieza única no es para principiantes. Pero, por supuesto, quizá te sientas especialmente ambiciosa y afortunada.

Sólo en tiempos muy recientes la novia se ha sentido afortunada al contraer matrimonio. Porque se la anima a casarse por amor, no por conseguir riqueza, o un apellido, o por forjar una alianza política. Ya no constituye un inerme botín de guerra. Ya no es el trofeo robado que pide socorro a gritos con los brazos extendidos hacia sus parientes derrotados mientras se la llevan. Sin embargo, hoy en día quedan vestigios de ese rapto: el vestido de novia, el padre que entrega a su hija ante los testigos invitados, la novia que abandona discretamente su propia celebración matrimonial mientras los invitados continúan festejando y bailando. El claustro que es la luna de miel, cuya ubicación se guarda en secreto a fin de que nadie pueda descubrir y molestar a la pareja.

Hace muchos años, en África el novio se acercaba a hurtadillas a la casa de la novia, como si quisiera raptarla. Ella debía gritar pidiendo ayuda, hacer ver que se resistía. En otros lugares se la canjeaba por bienes muebles.

Estudia el color de los bloques. No tomes una decisión precipitada respecto a tu borde, porque tendrás que soportar esta opción durante toda la vida del quilt. Algunas tiras y bordes complementarán mejor que otras los bloques. Todas las tiras dividen, pero algunas realzan, resaltan la belleza de los bloques, mientras que otras los apagan, ocultan su hermosura original. También el matrimonio puede realzar los tonos de la esposa o bien condenarla a mostrar sólo sombras y matices desmayados.

A menudo, no hay modo de saberlo hasta que estáis casados. De hecho, en lo único que puedes basarte es en la fe de aquel beso.

Antes de coser la parte superior del quilt a la guata de algodón y al forro, hilvana juntas las tres capas, por mor de la seguridad y la perfección. No te saltes estos pasos. Realizar ahora un pequeño esfuerzo te evitará hacer luego un esfuerzo mayor. Ya sabes que el matrimonio y la amistad requieren esfuerzo.

Los primeros quilts llevaban el anverso y el reverso unidos por unos nudos de los que colgaban unas cintas.

La rosa está atada al suelo por sus raíces colgantes. Sin raíces, serías como las semillas del algodoncillo que el viento transporta, y te verías arrastrada de aquí para allá sin llegar a ningún sitio. En tus días malos, este pensamiento te obliga a permanecer en la cama más tiempo del que debieras por la mañana. En tus días buenos, te deleitas pensando en esa ligereza que comporta el arrastre del viento, porque comprendes que para que una planta arraigue en un terreno (para que una casa no se deteriore o para que una amistad permanezca firme) hay que cuidarla bien. Lo que representa prestar mucha atención; atención que a veces no estás dispuesta a otorgar.

Aun así, te sientes atraída por el lazo de la amistad, por

el pacto matrimonial; atraída y repelida, como si no conocieras la diferencia (las ventajas y penalidades) entre marcharse y quedarse.

La novia avanza con un ramo de flores por el pasillo central de la iglesia. En Castilla, las jóvenes se prenden flores blancas en el corpiño; en Andalucía, se trenzan guirnaldas de pequeñas rosas en los cabellos; en Hawai, se colocan con gracia un hibisco detrás de la oreja; si es en la derecha, significa que la muchacha está «apalabrada», y si es en la izquierda, que está dispuesta a escuchar promesas.

Tu jardín contiene rosas de Alejandría y rosas de cien hojas, que embalsaman el aire con su aroma extraordinariamente dulce; pocas personas son capaces de soportar una atmósfera tan perfumada. Las rosas trepadoras ascienden hacia el sol y el cielo; aunque atadas al suelo por las raíces, anhelan el cielo.

Ponerle el borde al quilt no es lo mismo que disponer las tiras. El borde abarca todo el trabajo y puede realizarse de dos maneras. Puedes volver el borde posterior hacia delante, pero asegúrate de dejar suficiente tela en la parte de atrás, de modo que alcance a envolver la parte delantera. También puedes adjuntar un borde independiente. Este borde independiente está muy recomendado porque se puede sustituir por otro si el quilt padece un exceso de tensión o de estiramiento, si le afectan los años o ha sufrido un accidente. A veces, un quilt mejora al añadirle un borde; éste puede hacer que la fusión sea más completa y sin embargo relajada.

Cien años atrás, en el día de la boda se solía regalar un quilt de la amistad a la novia, que así aportaba al matrimonio algo de valor y de utilidad, una propiedad personal.

En Norteamérica y en Inglaterra se celebraban unos

casamientos «de muda» o «de armario», que protegían los bienes de la mujer contra los acreedores de su marido. Nadie podía aparecer al día siguiente de la boda para decir con autoridad a los recién casados: «Esto es mío. Esto es lo que se me debe». En la ceremonia nupcial «de muda», mientras la novia se aproxima al altar se la va despojando sistemáticamente de su atuendo hasta dejarla en ropa interior, mostrándola en un estado de falsa pobreza cuando se detiene ante el esposo y el ministro, avergonzada de su parcial desnudez. En la boda «de armario», se encierra a la novia en un ropero que tiene en la puerta un agujero por el cual ella saca el dedo anular para recibir el anillo.

El quilt de la amistad debería llevar mensajes escritos con tinta en sus distintos parches: mensajes deseándole bienestar a la novia; buena suerte a los recién casados; citando algunos versos, un dicho prudente, o bien dando un buen consejo. Advirtiéndoles o recomendándoles que se mantengan a salvo, que tengan cuidado, etcétera. Resulta habitual citar versículos de la Biblia, y la que confecciona el quilt no lo considera blasfemo.

Marcharte o quedarte te obliga a enfrentarte a la presencia o la ausencia de los amigos. Es probable que las mujeres del grupo de costura realicen algún día el quilt de la amistad. Parece lógico y correcto. Para las que se dedican al patchwork es un hecho histórico, que alcanzó su mayor popularidad cuando las familias norteamericanas avanzaban hacia el Oeste después de haberse posesionado del Este, y sus amigos les decían adiós, seguros de que no volverían a encontrarse en esa vida de penalidades. Dichos viajes eran azarosos, estaban cargados de misterio. La evidencia del Destino hacía furor en el año 1845.

Tú también sabes lo que es avanzar hacia el Oeste en

busca de nuevos territorios. Sabes lo que es la amistad y lo que es la pérdida. Neruda escribió otro poema, dedicado a su esposa, que se refiere a la tierra, aunque de otro modo que el primero, y que está basado en la dulzura de un beso. Dice: «Y cada herida tiene la forma de tu boca». Pero cuando él se haya ido y te quedes casi sin amigos, lo único que recordarás será la mención de aquel beso.

Al confeccionar el quilt de la amistad estás declarando tu amor y lealtad frente a una separación que tal vez sea eterna.

Dilo con tus manos.

Luego despídete agitando el brazo.

Collar de perlas

A veces, Constance Saunders se dice que lo peor de ser mujer es tener amigas. Y que lo peor de tener amigas es compartir tantas confidencias excepto la que Constance anhela compartir, y que consiste en que no le apasiona la idea de tener amigas. Quizá su vida con Howell –este vendedor nómada que recorre pueblos y ciudades– tenga ciertas ventajas. Al fin y al cabo, si ella debe desplazarse continuamente a otros lugares, no puede anudar ninguna amistad profunda con otra mujer, ¿verdad?

Ocurre con frecuencia que Howell, sentado frente a ella a la hora de la cena, con los ojos aparentemente más oscuros a causa de las gafas, le coge la mano y declara:

–Sé que estás muy sola. Tantos traslados te impiden tener amigas. Pero yo nunca he querido que no tengas amigas.

Constance se limita a sonreír sin despegar los labios, le estrecha a su vez la mano y responde:

–Sé que ya te lo he dicho antes y que te resistes a creer que sea cierto, pero soy feliz. Quiero decir que, realmente, no me siento sola. Sabía cómo iba a ser nuestra vida cuando me casé contigo, cuando me enamoré de ti. –Él la mira a los ojos–. Estoy bien –añade ella–. Confía en mí.

Y de hecho, estaba bien. Hacía tiempo que Constance dejó de creer en coincidencias afortunadas y adoptó un punto de vista más fatalístico. Conoces al hombre que será tu marido y su profesión se convierte en la tuya y, quizás y a la larga, todo será para mejorar, en este sentido. Los padres de ella, como era de esperar, consideraron que Howell constituía una coincidencia afortunada y muy oportuna, ya que se casó con Constance justo antes de que ella cumpliera treinta y tres años. Después de todo, era la única hija que vivía con ellos y que no había contraído matrimonio y, al parecer, sus posibilidades de encontrar marido eran cada vez más escasas. Sus dos hermanos y sus tres hermanas, todos mayores que ella, habían tratado de presentarle a gente, de hacerla «circular» en sociedad, pero sin ningún éxito..., a Constance eso no parecía interesarla en lo más mínimo. Su falta de interés parecía abarcar también a las demás mujeres. Sus padres se preocupaban porque creían que se sentía sola.

La rareza de Constance consistía en que no le importaba su soltería; la aceptaba con tanta tranquilidad que resultaba extraño. En ocasiones sus padres la sorprendían mirando por la ventana o con los ojos perdidos en la distancia desde la aireada galería descubierta, sorbiendo con indiferencia el té helado, y tenían la certeza de que estaba considerando lo solitaria que era su vida. Si no hubieran sido tan ancianos no estarían tan preocupados, pero no iban a vivir siempre. No querían dejar a su niña sola en el mundo. Sólo confiaban en que, llegado el momento, sus hermanos le permitirían quedarse a vivir en la mansión familiar.

La casa era vieja y espaciosa, situada en un terreno de dos hectáreas en White Plains, Nueva York, con árboles, venados y una gran piscina de una forma peculiar, en la que sólo se bañaba Constance. Acaso fuera un error vivir con «holgura» y tener hijos que crecerían para vivir también con holgura. Acaso eso destruya toda motivación.

Si sus padres le hubieran preguntado, mientras sentada en el porche miraba a lo lejos, Constance les habría dicho que estaba considerando hacer una excursión de un día a Manhattan, donde visitaría un par de museos; tal vez compraría algo frívolo e inútil para adornar su atractivo escote.

Otras veces jugueteaba con la idea de comprarse un piso o una casa pequeña; desde luego, podía permitírselo. Meneaba el alto vaso para ver girar el té helado. Incluso podría buscarse alguien con quien compartir piso. Por descontado, tendría que ser una mujer, por mor de las conveniencias, pero eso no le apetecía. De pronto, su casa de ensueño quedaba transformada por el toque de esa compañera fantasma que procuraba que todo estuviera muy «mono»; cenaban mano a mano, se hacían emotivas confesiones y se contaban sucesos personales..., no, no podría soportar un contacto tan estrecho.

Mejor sería vivir con un hombre, son tan directos...; aunque seguramente él esperaría que se ocupara de la casa –incluso aunque no estuvieran casados, o aunque ni siquiera fueran amantes–, y eso tampoco le apetecía. Sus padres no la habían educado de este modo. A pesar de los recientes movimientos de protesta en favor de los derechos de las mujeres, a pesar de que las parejas ya pagaban a medias el alquiler, Constance sospechaba que se esperaría de ella que cocinara y limpiara o que supervisara a otra mujer contratada para cocinar y limpiar. No, eso no iba a ocurrir. Las mujeres te exigen el corazón y los hombres el cuerpo.

Así que los padres de Constance la contemplaban mientras se levantaba del asiento del porche, se apartaba hacia atrás el cabello (que se le pegaba al cuello a causa del calor estival y la humedad) y depositaba el vaso medio vacío en el suelo junto a las patas de la tumbona.

Luego apareció Howell («En realidad, nos conocimos en el centro, cerca del Frick», les dijo a sus padres) y la cortejó. Constance se pasó días enteros en compañía de Howell, haciendo largas excursiones en coche y visitando casas de campo: viviendas anteriores a la Guerra de la Independencia, cuadras reformadas, casitas de porteros; o también buhardillas en edificios urbanos; o bien chalés de dos pisos destinados a familias de clase media y ubicados en la campiña de Nueva Jersey; o tristes apartamentos en barriadas pobres; o elegantes edificios de roja piedra caliza de Nueva York; o bien se plantaban junto a altos bloques de apartamentos y echaban hacia atrás la cabeza para tratar de avistar un par de áticos.

Cuando hubieron agotado todas las mansiones históricas disponibles y hubieron realizado todas las giras de inspección que se podían hacer a pie (repitiendo en ocasiones la visita a alguna que les gustaba especialmente), se pusieron en contacto con agentes de la propiedad en varias zonas de los alrededores de Connecticut, Pensilvania, Nueva Jersey y Nueva York. Se hacían pasar por compradores en potencia, a fin de poder entrar en las casas y experimentar un sentimiento más íntimo de hogar.

En Nueva York, a menudo compraban comida preparada en los numerosos puestos callejeros y deambulaban por el centro, examinando edificios de interés histórico como el Algonquin o el Chelsea, así como altas construcciones modernas de interés arquitectónico.

Una helada noche, mientras estaban en el cuidado jardín de un *cottage* de finales del siglo XIX situado en el norte del estado de Nueva York, Howell dijo:

–Cásate conmigo, Constance. Nos iremos al Oeste, algún día nos compraremos una casa, y nuestros vecinos dirán: «Dios mío, cuando nos trasladamos a este barrio ya estaban aquí, y eso fue hace veinte años y ya entonces parecían antiguos residentes». Seremos uno de esos matrimonios ancianos a los que la gente admira sin conocerlos.

Constance evitó mencionar que uno de cada tres matrimonios acababa en divorcio y que cada vez estaba menos de moda casarse, incluso para una chica de treinta y tres años (aunque intuía que muchos la considerarían afortunada por haber encontrado a alguien que la quisiera, y que estimarían que sería estúpido dejarle «escapar»). Pese a que era consciente de esas tendencias sociales en plenos años sesenta, le dio el «sí».

Howell le explicó que iba a trabajar de agente de ventas, y añadió que «al principio es probable que me pase viajando la mayor parte del tiempo» y «¿crees que podrás soportar esa clase de vida?».

Claro que podría; Constance, a quien nunca le molestaba la soledad y que sentía curiosidad por conocer California. Además, eso eliminaría el engorro de tener una compañera de piso.

Sus padres se mostraron perplejos, satisfechos y algo preocupados. Pero eso era lo que querían, ¿no?

–Constance –le dijeron una noche de finales de septiembre, sentados uno a cada lado de ella y con los suéteres abrochados hasta el cuello–, estamos encantados de que vayas a casarte... y no obstante... él no es... nosotros esperábamos... con franqueza, pensamos que tal vez él sea de un rango inferior al tuyo.

Constance se echó hacia atrás en el asiento y tomó un sorbo del coñac que se había servido en una taza de café.

–Creí que os alegraríais por mí.

–Por supuesto que nos alegramos –respondió su madre.

–Ya sé –dijo Constance–. Es un agente de ventas. –Se levantó y caminó hacia el extremo del porche antes de volverse hacia sus padres, próximos a la vejez–. He ido a la universidad. He estado en Europa. He pasado fines de semana con las chicas en Virginia Beach y fuimos a la isla y al cabo, y de nuevo en la playa. No estoy hecha para un puesto de trabajo (seguramente habréis notado mi falta de... eh... de ambición). Voy a cumplir treinta y tres años y se me ocurre que si no me caso con Howell Saunders quizá pueda añadir la cualidad de solterona a la lista de cosas que me caracterizan.

–Cariño –dijo su madre con la Voz Consoladora.

Constance sacudió los hombros.

–No me siento desdichada. Quizá para eso también haga falta ambición. –Reposó la cabeza en la mano que tenía apoyada en la barandilla del porche–. Mamá, papá, creo que es una buena idea. Creo que es lo que necesito. Howell no espera de mí que sea quien no soy.

–Ya veo que no podemos impedírtelo. –Su madre se cruzó de brazos.

–No –dijo Constance–. No podéis.

Lo que Constance no podía decir a nadie era que empezaba a sentirse como un fenómeno de la naturaleza: le gustaba estar sola; no le atraía la cultura convencional y, sin embargo, le encantaba leer y aprender; no deseaba convertirse en una esposa tradicional ni le apetecía ser una mujer de carrera. A Constance le intrigaba la idea del amor romántico. Pero quería sentirse a salvo. Anhelaba ser excepcional en algún sentido, pero no lo era. Las mujeres que no son excepcionales ni están casadas confunden a la gente, que parece creer que deberían ser una cosa u otra.

Había decidido tiempo atrás que lo único verdaderamente terrible en esta vida era no saber lo que una quería, ser únicamente capaz de percibir lo que una no quería. Era preciso gastar mucho tiempo y energía tratando de descubrirlo, un tiempo que los demás empleaban en conseguir lo que deseaban.

Otro rasgo anormal de su personalidad era la falta de paciencia con las mujeres. Y el hecho de permanecer soltera sin duda implicaba una vida pasada en compañía de amigas, sólo compensada por alguna que otra cita ocasional. Oh, estaba harta de explicar su soltería a la familia y las amistades, sobre todo porque su oposición al matrimonio no era intensa ni estaba basada en razones filosóficas.

Todo se reducía a este hecho insoslayable: para vivir a contracorriente de los demás una tenía que ser una rebelde, y ella no lo era.

Tenía treinta y tres años, de modo que apenas tres cortísimos años la separaban de la edad madura, y una serie de nuevas perspectivas aparecía ante su vista: la vejez de sus padres; el hecho de que la juventud la había abandonado por completo y nunca iba a volver. Jamás se despertaría por la mañana, fresca y perfecta al saltar de la cama; ni los jóvenes la mirarían con una muda oferta. También en su interior se sentía más madura. Se sentía menos inquieta, más calmada, y sin embargo aterrada ante las demás mujeres y sus conversaciones sobre maridos, tareas domésticas, asistentas y hogar. (Aterrada por que pudiera adoptar las decisiones equivocadas.) Ante la corpulencia que iban sutilmente adquiriendo esos cuerpos de treintañeras y ante su tranquila y resignada aceptación de toda clase de cosas.

Desde luego, las había también de otro tipo: mujeres de esa misma edad que no se casaban o que contraían matrimonio a los dieciocho años sólo para divorciarse enseguida, que miraban a los hombres con fría desconfianza; o que hacían gala de una anticuada ingenuidad que impulsaba a ciertos hombres de mala nota a aprovecharse una y otra vez de ellas, quienes les perdonaban cada una de sus fechorías como si fueran incidentes aislados.

Incluso aquellas que permanecen solteras y se entregan en cuerpo y alma a su trabajo parecen vacilar ante la presencia del amor.

Constance no podía casarse sin sentir afecto. Y aquel día apareció Howell Saunders en el centro de la ciudad, cuando ella dobló la esquina y se topó con él. Se enamoraron. De repente. A comienzos del invierno, mientras Constance cuidaba del jardín y plantaba bulbos de fresas, pensaba en que él era maravilloso; recordaba cómo pasaba largas horas con ella, escuchándola y comprendiéndola. Cuando ella le confesó su falta de ambición y propósito, Howell asintió y siguió escuchando. «Es sincero», se dijo ella en voz alta al tiempo que sus rodillas dobladas aplastaban las lobelias que desbordaban del parterre y se arrastraban por el camino. Si se viera obligada a responder las preguntas de sus padres acerca de por qué amaba a Howell Saunders tendría que decir: «Porque me deja ser como soy».

Sin duda, reflexiona Constance, éste debe ser el secreto de un matrimonio feliz, un secreto que nadie parece dispuesto a reconocer ni a poner en práctica. No fue por casualidad que Constance se sintiera atraída hacia Howell; fue por un impulso de su propia naturaleza.

Él no había dicho palabra acerca de que quisiera hacerla cambiar. Ni una sola palabra. Ellos no chalaneaban con su porvenir con frases como «Si haces esto, yo haré aquello» o «Si soportas eso durante un tiempo, te prometo que todo será diferente dentro de unos cuantos años». Howell le dijo:

–Constance, me voy a California. Allí viajaré continuamente por mi trabajo. Siendo mi mujer te encontrarás muy sola. Me gustaría tener hijos, pero si no los tenemos, eso no me amargará la vida. Aunque si tenemos hijos no puedo asegurarte que vaya a estar más en casa. Espero que algún día las cosas sean diferentes, pero no lo sé. Te prometo serte fiel durante mis viajes, pero no puedo prometerte que no te sientas sola.

A Constance eso le gustó. Ese planteamiento tan directo, como si la respetara demasiado para engañarla. Sólo garantizaba lo que podía garantizar..., ninguna de esas estúpidas promesas acerca de un futuro que nadie puede prever. Actuaría todo lo bien que pudiera.

Cuando ella le pregunta sobre cualquier cosa, Howell reflexiona la respuesta y se la da francamente, no se limita a decirle lo que cree que ella desea escuchar. De todas las cosas que un hombre puede hacer, Constance odia por encima de todo esa falsedad; que alguien trate de enmendar o predecir la respuesta de ella antes de que pueda pronunciarla. El que procuren adivinarte el pensamiento o «protegerte» de la verdad equivale a tratarte como a una niña.

Los hombres de verdad te dicen la verdad porque creen que podrás soportarla; los hombres de poca calidad o bien intentan que continúes en un estado de inocencia gracias a su falsa protección o bien son «brutalmente francos». Cuando alguien te dice la verdad, cuando deja que reflexiones por ti misma y que sientas tus propias emociones, te trata como a una igual. Como a una amiga.

Y los hombres de verdad cocinan para ti.

Constance y Howell vivieron durante breves temporadas en distintos lugares. Cerca de Barstow, más al sur, en San Bernardino, en Glendale, en Visalia, algo más lejos de Lompoc, de Buttonwillow, de Los Banos; tan al norte como en Crescent City, incluso en Medford, Oregón, durante un aburrido período de dos meses. Pero nunca en Nevada. Durante todo ese tiempo Constance sólo metió en su equipaje unas pocas y prácticas pertenencias, porque no podía soportar el peso de tantas cosas materiales, que únicamente sirven para retardar tu progreso; a veces dejaba cosas en el pequeño bungalow o en la casa o el apartamento donde se habían alojado. Vieron el interior de tantos hogares, residieron en sitios tan variados que esa búsqueda suya de un domicilio a veces les recordaba los viajes que habían hecho durante su noviazgo.

Como nunca vivieron lo bastante en ningún sitio como para anudar profundas amistades ni encariñarse con una casa o una población, Constance no lamentaba tener que trasladarse. Tampoco se sumía en hondas reflexiones anímicas preguntándose si el siguiente destino le aportaría algo más que el anterior; se limitaba a hacer las maletas y a cambiar de sitio, a menudo con alegría.

Durante esos años Constance olvidó cómo se decía adiós, cómo era una despedida, porque raras veces abandonaba algo o a alguien que tuviera importancia. Eso le convenía: todas aquellas viviendas temporales combinadas con períodos de soledad. Sus padres querían saber si era feliz. («Sí, soy feliz.») ¿Necesitaba dinero? ¿Deseaba tener una casa en propiedad para toda la vida? Pero ella siempre respondía: «Tengo cuanto necesito. No me falta nada».

La intimidad entre Howell y Constance se acrecentaba durante el tiempo que él permanecía en casa entre dos viajes, ya que cada uno de ellos era el único amigo del otro. «Qué raro –piensa Constance– que me guste tanto el matrimonio. Nunca me lo hubiera imaginado.»

Al regresar de un viaje de negocios, Howell dijo:

–Constance, te he echado de menos.

Luego le contó que había encontrado en Atwater una casita con puertas cristaleras y rosas en la ventana. (Años más tarde, Constance les dirá a las del grupo de costura: «El jardín era un desastre..., lleno de hierbajos, con todas las plantas resecas y los árboles sin podar, y en algunos sitios encharcado por alguien que no entendía la vida de las rosas..., pero era una auténtica rosaleda. También teníamos una perrita, una poodle color canela llamada *Chickie*. Nuestra *Chickie* era una perra fabulosa, no uno de esos chuchos mimados que te vuelven loca a fuerza de ladrar».)

Así empezó una existencia en la que Howell volvía a casa cada noche como un marido normal, besaba a Constance junto a la puerta y se ponía a gatas para jugar con *Chickie*. El tema de los hijos apenas lo consideraban –naturalmente, ya era demasiado tarde–, pero incluso al principio ambos creían que Constance, a sus treinta y tres años, había dejado atrás la edad de ser madre. O tal vez se trataba de otra cosa: una excusa. Fuera como fuese, no se quedó embarazada.

Los niños del vecindario se encariñaron con Howell y Constance, y a menudo le llevaban golosinas a *Chickie*. Constance acogía a los niños diciendo:

–¡Vaya, hola! ¿Cómo estáis? ¿Habéis crecido desde la última vez que nos vimos? ¿No? A lo mejor es porque actuáis como personas muy maduras.

Los niños reclamaban a gritos a *Chickie*, que salía disparada a su encuentro. En ocasiones, le llevaban huesos; si eran del tipo «nocivo» (de los que se astillan), Constance se los guardaba en el bolsillo y les prometía que se los daría a *Chickie* más tarde, después de cenar, «para postre».

Cuando *Chickie* murió –tuvo una muerte temprana, para ser un perro–, Howell y Constance la enterraron en la rosaleda, bajo un viejo rosal que daba flores amarillas. A partir de ahí, siempre se referían a las rosas amarillas como a «las flores de *Chickie*».

(Años después, Constance le dirá a Marianna, mientras las dos cuidan del jardín de Glady Joe: «Después de que muriera *Chickie*, me resultó muy duro abandonar aquella casita. Todos los sitios cambian cuando has enterrado en ellos a un ser querido. Eso fue lo que me ocurrió, después de lo de *Chickie*».)

Howell dejó su empleo en la papelería de Atwater y empezó de nuevo a viajar. Se trasladaron y residieron en una serie de apartamentos, caravanas y chalés de dos dormitorios que estaban ubicados detrás de otras casas más bonitas y elegantes. Constance añoraba sus rosas dignas de premio, que quedaron en Atwater junto con su más precioso rosal, el que cobijaba la tumba de *Chickie*. A veces vivían en un lugar el tiempo suficiente para que ella plantara y cultivara un jardín, pero eso sucedía en raras ocasiones. De pronto, un día, dijo Howell:

–Ya basta, Constance; la vida es muy corta y estoy harto. Cariño, a partir de ahora voy a quedarme en casa.

Constance estaba sentada a la mesa de la cocina que bañaba el sol de mediodía, cuando Howell apareció en la puerta y, sin traspasar el umbral, dijo: «Cariño, a partir de ahora voy a quedarme en casa».

De momento, ella alzó la vista del libro pero no dijo nada, no hizo nada; después de todo, ya le había despedido con un beso por la mañana, cuando él se había ido a trabajar, y el verle allí de un modo tan inesperado le hizo barruntar que quizá se estaba imaginando su fantasma, y que si lo deseaba podría acercarse a él y pasar a través de su silueta.

Luego depositó el libro en la mesa (lo cerró descuidadamente sin marcar la página), apartó la silla y se dirigió hacia su marido con paso tardo para abrazarlo por la cintura y apoyar la mejilla contra su americana.

Él la estrechó con tanta fuerza que a Constance le resultó difícil respirar y, más adelante, cuando este momento le venía a las mientes, casi podría jurar que sintió que el tórax de Howell se agitaba con un pequeño sollozo.

A Constance y a Howell la mutua presencia les crispaba los nervios. Impelida por el hecho de que él se hubiera jubilado y estuviera siempre rondando por la casa, ella le espetaba:

–¿No tienes adónde ir?

–¿Y tú? –contestaba él mirándola.

Había días en que Constance se sentía oprimida, cercada en su propia casa, como si Howell no fuera una sola persona sino un pequeño grupo que, continua y tontamente, le requiriera su tiempo y su paciencia, de modo que el conjunto de esas pequeñas exigencias constituía una exigencia enorme que ella era incapaz de satisfacer. Constance trató de explicárselo a su marido, pero él se limitó a contemplarla y a preguntar:

–Pero ¿qué estás diciendo?

–No sé lo que estoy diciendo –respondió ella en tono irritado–. Me refiero a que me siento como....

Howell la miró con paciencia, como si tratara de adivinar sus verdaderos deseos.

–¿Quieres que me vaya?

–Oh, no –respondió ella–. No, quiero que..., bueno, que salgas de vez en cuando. Sin que yo te acompañe. Más a menudo de lo que lo haces.

Cómo iba ella a decirle: «Me has acostumbrado a vivir sin tenerte todo el tiempo pegado a mí. El verte de vez en cuando hacía que nuestro matrimonio pareciera más bien un largo noviazgo o una aventura, pues el tiempo que pasábamos juntos era tan valioso y breve que no podíamos malgastarlo discutiendo o guardando un silencio hostil. En lugar de eso preferíamos comportarnos como enamorados; nos tumbábamos en el jardín sobre la hierba y el lodo, manchándonos y embarrándonos la ropa sin que nos importara; observábamos las nubes o charlábamos sobre tus viajes o mis libros o lo que hacía Fulano de Tal, o bien repasábamos la época en que nos conocimos y enamoramos; o cocinábamos y nos llevábamos la cena a la cama, y allí nos dábamos de comer el uno al otro, riéndonos de las parejas que hacen ascos cuando su compañero come de su propio plato, y tú lamías las migajas que quedaban sobre mi cuerpo».

En una ocasión, cuando Constance acababa de despedir ante la puerta a Howell, que partía para uno de sus viajes en coche, una vecina le preguntó:

–¿Cuánto tiempo lleváis casados?

–Quince años –respondió Constance.

–Nadie lo diría–replicó la otra–, a juzgar por el modo en que os tratáis.

–¿A qué te refieres? –preguntó Constance.

–Os comportáis como si os gustarais.

–Eso suena muy cínico, ¿no crees? –empezó a decir Constance.

Pero la vecina se volvió y se encaminó a su casa, cortándola con un:

–Sé lo que digo.

No obstante, una vez que Howell se jubiló, Constance anhelaba aquellas horas largas y vacías que se extendían ante ella cuando él estaba ausente en viaje de negocios, echaba de menos el placer de esperar su regreso. Incluso en Atwater, porque Howell trabajaba ocho horas diarias y eso le proporcionaba una soledad que ella estimaba suficiente. Pero esta constante convivencia la estaba agotando. ¿Qué aclaraba eso respecto de su matrimonio, respecto de su propia manera de ser? ¿Que ella no estaba hecha para ser una esposa, que sólo podía ser una amante? Al fin y al cabo, Howell no daba señales de experimentar, frente a la diaria compañía de ella, la profunda irritación que sentía Constance por tenerlo a su lado.

De súbito, tan inopinadamente como llegara, la irritación se esfumó. De un modo inexplicable, extraño, rápido, la abandonó, y por primera vez en la vida, se dijo: «¡Qué feliz soy!». Este sentimiento la maravilló, se entregó a él con deleite, se preguntó cómo podía haberse creído feliz durante tantos años, y luego decidió que no lo había sido intensamente, que sólo había sentido cierta satisfacción. Era como si algo hubiera cedido en su interior, algo se hubiera ablandado y hubiera dejado de atenazarla. Se recreó disfrutando de la presencia de su marido y gozó de su compañía. Incluso se sentía un poquitín triste cuando él salía de recados o iba a dar una vuelta en coche.

La velada semanal que pasaba en casa de Glady Joe Cleary confeccionando un quilt se convirtió en una tarea engorrosa. Se había hecho amiga de Marianna Neale porque ambas compartían la afición a las rosas; para Constance era un alivio tenerla al lado en el grupo de costura. (Todavía no se había habituado a los grupos de mujeres y cuando estaba con ellas notaba un vago desasosiego que la hacía apreciar aún más a Marianna, con quien la unía una confortable afinidad.) Eso ocurría en Grasse, donde Howell le anunció: «Cariño, a partir de ahora voy a quedarme en casa».

Constance no disfrutaba demasiado cosiendo o haciendo patchwork, y aportaba al trabajo muy poca imaginación, aunque la repetición le servía de terapia y daba una finalidad a su inconexa y despoblada existencia. Cuando descubrió el *Patchwork Loco,* ese quilt hecho de manera impulsiva y sin planificación alguna, la tarea le pareció más interesante y más fácil. En cuanto a los diseños, su preferido era uno llamado *Las flores de mi abuela,* que ella modificó incorporando sólo rosas amarillas y rebautizó con el nombre de *El jardín de Chickie.*

En aquel momento vio su matrimonio bajo una luz distinta. «Quizás, el saber que Howell siempre estaría de aquí para allá y nunca se quedaría en casa de un modo permanente me hizo reprimir mi afecto por él. ¿Es así cómo me habría sentido si siempre hubiéramos vivido juntos?» Meditó acerca de su vida común en Atwater y comprendió por vez primera que, en efecto, aquéllos habían sido los años más felices descontando los actuales, pero entonces ella se había negado a verlo (se había negado a entregarse a su propia felicidad) porque sabía que Howell podía en cualquier día cambiar de empleo. Por otra parte, si hubieran pasado todos aquellos años juntos como un matrimonio convencional, tal vez se habrían vuelto tan cínicos como su vecina (unos esposos que se querían pero no se gustaban), como si el amor fuera una especie de virus y el matrimonio, la sustancia que a la larga te hace inmune al contagio. Qué cosa, ser inmune al amor conyugal.

Pero un día, mientras el peluquero le cortaba el pelo, Howell se desplomó calladamente en el sillón de barbero, y Constance no lloró ni mandó celebrar honras fúnebres. Em Reed y Anna Neale opinaron que hacía gala de falta de respeto hacia la memoria de Howell, aunque Constance raras veces hablaba de sus sentimientos con otras personas y desde luego no lo hizo con este grupo de mujeres con las que hacía patchwork y que amablemente se apresuraron a hacerle compañía, cuando lo que ella deseaba era estar sola.

Constance encargó un sencillo ataúd de madera de pino, consintió que un rabino musitara una plegaria mientras ella rasgaba un trozo de su vestido en señal de deferencia a las creencias religiosas, largamente desatendidas, de su marido, unas creencias que ella no compartía. Luego hizo que Howell fuera enterrado sin alharacas.

(Cuando alguien muere, el entierro es un reflejo de su vida. ¿Cuántas personas acompañarán el féretro? ¿Llegarán puntuales? ¿Acudirán después a la casa? ¿Traerán comida? O quizá no se presente nadie. Howell, con todos esos viajes, trabajaba solo; tanto ajetreo de un lado a otro no propiciaba el cultivo de largas amistades. Ella no iba a encargar, para ese hombre maravilloso que había sido su esposo, un entierro al que sólo asistieran unas cuantas personas. A ella misma no le importaba, pero no quería que él supiera lo solitaria que parece una capilla vacía.)

Fue sola hasta la sepultura (sin lágrimas), con los brazos cargados de rosas: de color melocotón, amarillas, rosadas, de color albaricoque, salmón y naranja pálido. Las depositó sobre la tierra recién removida.

Más tarde, cuando estaba sentada en el compartimiento de un café, oyó que un hombre le preguntaba:

–¿Puedo sentarme contigo? –Era Dean Reed, el marido de Em–. Dios mío –dijo éste, deslizándose en el asiento frente a ella–. ¡Cuánto siento lo de Howell!

Constance sorbió el café y le dio las gracias.

–¿Estás bien? –preguntó él–. ¿Puedo hacer algo por ti?

–Puedes llevarme a bailar –respondió Constance sonriendo.

Dean se mostró horrorizado.

–Disculpa –dijo ella apartando un poco la taza–. Howell era muy bueno y yo lo quería. Pero ahora se ha ido. –Hizo una pausa–. No creo en eso de afligirse por los muertos.

–¿Cómo que no crees en afligirse por los muertos? –replicó Dean–. Te afliges o no te afliges, eso es todo.

Constance se encogió de hombros, abrió el bolso con un chasquido y pagó la cuenta. Fuera se estaba haciendo de noche. Dean se ofreció a acompañarla en coche, pero ella rechazó la invitación:

–Tengo ganas de andar.

–Oye –dijo él, plantado junto a ella en la acera–. Sé lo desolada que puede parecer una casa. Llámame si necesitas algo, como que dé una mano de pintura o repare alguna cañería.

Constance se puso las gafas de sol (aunque ya era de noche).

–Gracias –contestó–, lo tendré en cuenta.

Hasta ese momento no se le había ocurrido que podía irse a otro sitio, a otro estado u otro condado. Sin la presencia de Howell, ella no pertenecía a ningún lugar. Pero mientras se encaminaba a casa, apretando el paso a medida que las lágrimas iban asomando por debajo de las gafas de sol, comprendió que esa población, con el grupo de costura, los calurosos veranos, con Dean y con su amistad con Marianna (la primera verdadera amiga que tenía, que trabajaba junto a ella en el jardín, o ella junto a Marianna), había experimentado un cambio. Ahora que Howell estaba enterrado allí, se había convertido en otro lugar, un lugar que no podía abandonar.

Dean empezó a dejarse caer por casa de Constance para ver si «necesitaba algo». Por lo general ella no precisaba nada, pero de vez en cuando había alguna obligación pendiente: algo que trasladar, que sujetar, que desechar o almacenar. Lo más habitual era que Dean se sentara junto a Constance y se dedicara a recordar sus tiempos en la Costa Este, pues había nacido y se había educado en Morristown, Nueva Jersey.

Dean se relajó, tal vez por obra del sofá de Constance o tal vez influido por la luz menguante y surreal de la tarde de otoño (el momento del día que los fotógrafos profesionales llaman «la hora mágica» porque tiene una luz sensacionalmente favorecedora) y declaró:

–Desde luego, en primavera solía afirmar que ésa era mi estación favorita, pero en otoño me decía: «No, ésta es la mejor época del año». Siento cierta inclinación por estas estaciones de transición que atemperan el frío intenso del invierno o el calor del verano. Aunque a menudo pienso que la primavera y el otoño perderían todo su encanto si no existieran los rigores climáticos del invierno y del verano.

–Lo comprendo –asintió Constance–, pero debo confesar que yo prefiero la primavera, cuando florecen los cerezos silvestres, las candelarias, las aguileñas, la valeriana, las azucenas de agua y mis rosales. Los narcisos, las fucsias y la madreselva. ¿Qué puede haber mejor que eso?

–Lo que me recuerda que en este lugar horrible apenas existen las estaciones del año. –Dean se inclinó hacia delante en el sofá y por encima de la mesita auxiliar le tendió el vaso a Constance para indicarle que le sirviera otro trago–. ¿Cómo pueden soportarlo estos californianos? Le vuelve a uno tremendamente perezoso. Cuando la mayor parte del año es prácticamente verano, ¿quién es el guapo que se apresura a salir para practicar actividades veraniegas? ¡Si no hay prisa ninguna! El sol volverá a salir mañana, y al día siguiente y al otro...

Constance escanció el martini que había preparado para los dos y, mientras sujetaba con dos dedos el hielo para que no se escurriera de la coctelera, el enorme reloj de Howell se le deslizó de la muñeca hasta la mano.

–La próxima vez –le prometió él– te traeré un colador.

–No sé –replicó Constance–. Sería más lógico que un clima sin estaciones te pusiera tenso, como si necesitaras un cambio de tiempo para aliviar la presión. –Tomó un sorbo de martini–. Pero supongo que uno no añora lo que no conoce.

Se recostó en la butaca. Sabía que debía encender las lámparas; pronto sería demasiado oscuro para distinguir el rostro de Dean, que ya estaba desdibujándose en la penumbra. Pero a ella le gustaba la penumbra, y desde la muerte de Howell se había visto obligada a dormir con una o dos lámparas encendidas, lo que la privaba del placer de reposar en un cuarto bien a oscuras. De niña le gustaba dormir en la oscuridad, pero de mayor era capaz de seguir durmiendo aunque se filtrara mucha luz; incluso una luna particularmente resplandeciente la mantenía en un estado de duermevela. Cuando Howell se ausentaba, ella solía permanecer despierta hasta muy entrada la noche, absorta en un proyecto o en un libro y, como se levantaba con el alba, se arrastraba todo el día medio atontada de fatiga porque era incapaz de dormir hasta tarde o de echarse una siesta.

Cuando Howell estaba vivo y viajaba, Constance permanecía con agrado en la oscuridad; quizá porque sabía que él iba a volver a su lado. Pero ahora todo lo que le quedaba de él eran el reloj y las chaquetas de pijama, que ella se ponía para dormir, los gemelos de oro blanco, transformados en pendientes (un oro tan blando y pálido que daba la impresión de que si ejercía sobre él la menor presión quedaría impresa la huella del dedo), y el abrigo en el que ella se arrebujaba en los días fríos y que la cubría hasta las pantorrillas, mientras que a Howell sólo le llegaba hasta la rodilla. Constance meneó la cabeza haciendo que Dean se interrumpiera y preguntara:

–¿Qué?

–Nada –dijo ella, confundida, y se llevó la copa a los labios.

–La manera de ser de los habitantes de Grasse no sólo tiene que ver con las estaciones –continuó Dean–. Tienen una personalidad tan... tan monocromática... Como si el clima se les hubiera metido en el alma.

Constance sonrió en la oscuridad y le escuchó divagar acerca de los ciudadanos de Grasse y sus defectos.

–¡Vaya, no me había dado cuenta de que era tan tarde!

–exclamó Dean mientras ella disfrutaba de esos momentos de oscuridad y se sentía a salvo, feliz y aliviada, como si le hubieran quitado de encima un gran peso.

Era un lujo que no podía permitirse cuando estaba sola en casa, ahora que Howell se había marchado de veras.

–A veces echo de menos mi tierra –dijo Dean–. Es un lugar muy distinto... Tal vez sea injusto, pero éste no es el paisaje que me va, ¿entiendes lo que quiero decir? Em y yo nos instalamos aquí sólo porque ella lo deseaba. Yo era tan cínico que pensé que me daría igual un sitio que otro; pensé que era una muestra de debilidad sentir por algo tanto cariño como el que yo sentía por el verdor de mi región natal. Todo aquel césped, aquel follaje exuberante.

–En ocasiones me despierto por la noche y me pregunto: «¿Cómo he llegado a parar aquí?». Pero sé que no me iré –dijo Constance.

–¿Cómo lo sabes?

–Lo sé.

–¿Por qué no? –preguntó Dean adelantándose en el asiento y removiendo la aceituna en la copa–. ¿Por qué no coges y te vas? –Luego añadió en voz más baja–: ¿Por qué no me marcho yo?

Constance, de mala gana, encendió una lámpara y sintió una cierta tristeza por ahuyentar la noche de la habitación.

–Porque no podemos –dijo–. Porque ahora hay cosas que nos retienen aquí.

–¿Y por qué tiene que ser así? –insistió Dean–. Todavía no estamos muertos.

–Oh, Dean –explicó Constance–. Sólo los muy jóvenes pueden hacer eso, marcharse sin vacilar, porque cuanto mayor eres, lo quieras o no lo quieras te apegas a las cosas. Extiendes raíces, sientes un parentesco incómodo con el suelo que te sostiene. Ciertas cosas adquieren sentido y se vuelven irreemplazables y, por mucho que te guste viajar y por mucho que adores tus puntos de destino, siempre acabarás volviendo a eso que para ti sólo existe aquí. –Apuró su copa–. Bien mirado, ésta es la única diferencia que veo entre la juventud y la vejez, Dean. De verdad. Verás, por lo demás, nada cambia, ni la capacidad de amar o de sentir celos pasionales o deseo; ni la ambición de triunfar en los negocios o de tener un cuerpo atlético o de crear arte o de engendrar un hijo... Todo eso permanece intacto, a pesar de nuestra apariencia externa. Es la diferencia entre afincarse o seguir viaje lo que cambia. –Lanzó una risita nerviosa–. Créeme.

–¿Te gustaba la nieve? –preguntó él.

–Muchísimo.

–Esos inviernos grises y blancos te hacen la vida difícil. Le exigen mucho al cuerpo. Va bien para no pensar en cosas tristes, me imagino.

Todo el mundo se ha dado cuenta de que casi todas las tardes Dean se deja caer por casa de Constance. Eso ocasiona cierta incomodidad y un ambiente de discordia en el grupo de costura; sobre todo porque Constance es algo más joven que el resto (desde luego más joven que Em). Tiene más o menos la edad de Marianna, cincuenta y tantos años. Además, Constance es una forastera. Ninguna de las del grupo ha crecido con ella, ha compartido sus secretos.

Finn se percata de que algunas de ellas toman partido por Constance, pero una o dos evitan pronunciarse sobre el tema. Al parecer, creen que Constance y Dean «sólo son amigos»; sin embargo, toda esa tensión permanece vaga y flota en el ambiente, como si ninguna quisiera que el tema adquiriera el enfoque apropiado.

Es Marianna la que acude en ayuda de Constance, la que la defiende ante las demás mujeres, incluso ante su madre, Anna, que declara:

–Sé lo que veo, sólo porque ya lo he visto antes.

Es Marianna quien esparce el rumor colectivo que infunde una duda en la opinión colectiva. Dice: «Mirad, no está ocurriendo nada». Las del grupo le hacen caso porque Marianna es, para Constance, lo que más se parece a una amiga, si se exceptúa su relación con Dean, y a ese respecto existen evidentes problemas. Desde luego.

–Marianna, ¿no te sientes sola? –pregunta Constance mientras poda un rosal de su propio jardín, donde Marianna y ella están trabajando.

–Y tú, ¿no te sentías sola cuando Howell viajaba tanto? –pregunta a su vez Marianna, cuyas manos, enfundadas en gruesos guantes de jardinero, se desplazan hábilmente de un tallo a otro. («Manos de payaso», las llama ella.)

–No –responde Constance–. Aunque no lo comprendo, a menos que me sintiera sola durante todos aquellos años y no lo supiera. Quizá siempre viviera aislada, toda la vida, hasta que Howell volvió a casa para quedarse. –Todavía acuclillada, se afirma sobre los talones con las manos de payaso apoyadas en los muslos–. ¿Crees que esto es posible, sentir algo tan esencialmente humano y no saberlo? –Sacude la cabeza–. Creo que nunca pensé que mi compañía le fuera útil a nadie.

Marianna esboza una sonrisa sin despegar los labios, pero no aparta la vista de su tarea.

–Sé a lo que te refieres –dice.

Sin embargo, respecto a la soledad o al apartamiento voluntario o a la dificultad en conectar debidamente con los demás, a Marianna le gustaría decir: «Prueba a ser una negra en Grasse, o en Bakersfield, da lo mismo, y a que tu madre trabaje de criada y que tu padre... bueno, no haya llegado a conocerte. Luego, comete el error de licenciarte en una universidad (antes de la proclamación de los Derechos Civiles), entonces serás realmente una persona *non grata* por estos pagos y tendrás que huir bien lejos a otro país porque en el tuyo serás una extraña. Y, por el hecho de estar excluida de la corriente normal de la vida, te convertirás en una anomalía que te atemoriza incluso a ti misma cuando descubres que sólo puedes relacionarte con los hombres pero no con las mujeres, porque las mujeres te exigen demasiada conversación, demasiadas confidencias, y en tu vida has llegado a un punto (oh, hace tanto tiempo que no lo recuerdas) en que estás demasiado enfadada para toda esa charla "social"; no quieres tener que cuidar a nadie ni que te sostengan la mano en actitud comprensiva; ¡vaya!, incluso descubres con sorpresa que deseas arrancar al mundo de su eje. Deseas impedir que gire y te depare un nuevo día lleno de frustraciones. Y te imaginas que todo eso te convierte en algo que no es exactamente una mujer y desde luego no es un hombre, sino un ser foráneo. Ahí lo tienes».

Marianna ha vivido tan encerrada en sí misma que, aunque siente un gran afecto por Constance, no puede abrirle su corazón. Eso no va con su manera de ser, aunque intuye que, de todas las que integran el grupo dedicado a hacer patchwork, Constance es la única que la comprendería, porque en este sentido Constance es como ella.

–Lo que me gusta de ti, Marianna –dice Constance–, es que me recuerdas a Howell. Dejas que sea yo misma. –Se detiene y mira a Marianna–. Nunca me haces preguntas acerca de Dean, ¿cómo es eso?

Marianna suspira y se vuelve hacia su amiga.

–Bueno, no te lo tomes a mal, Constance, pero creo que es porque no me importa. –Se frota la punta de la nariz con el abultado guante–. Dios, sé que eso suena fatal.

Constance lo considera un momento y prosigue:

–No. Es lo que esperaba. –Con la mano, apisona firmemente la tierra que rodea el tallo de un lirio–. Mira –dice–, echo de menos a Howell, pero tú y Dean sois la razón de que no me sienta sola del todo. –Se pone la mano sobre el corazón y, sin darse cuenta de que se mancha de barro la blusa, se da un par de golpecitos en el pecho–. Al menos, la mayor parte del tiempo.

Sin embargo, llegó una noche en que Constance y Dean salieron juntos de la casa de ella y se acercaron al coche de él –Howell llevaba muerto casi un año– y, cuando Dean se sentó al volante y giró la llave del contacto, oyó (junto con el ronroneo del motor) la melodía de *Collar de perlas* que sonaba por la radio. Constance retrocedió unos pasos alejándose de la puerta del coche mientras Dean, sin decir palabra, salía del vehículo; la abrazó estrechamente y empezaron a bailar en la carretera. Los faros del coche iluminaban la calzada desierta que se extendía ante ellos. Nada tenían por delante. Constance suspiró al recordar la conversación que sostuvieron en el café el día del entierro de Howell.

Sintió la aspereza de la mejilla sin afeitar de Dean; su propio cuerpo acogió con agradecimiento el contacto del cuerpo de él y, por primera vez después de tantos meses, Constance se percató de que Dean era un hombre y no únicamente el marido de Em. Aunque nunca durmieron juntos, durante una temporada Constance dejó de asistir a las reuniones de costura y se mantuvo apartada de todos.

INSTRUCCIONES Nº 4

Un quilt muy popular durante los años veinte fue el *Quilt Appliqué*. Todavía se le tiene en gran estima y los coleccionistas lo consideran «de mejor calidad». Por norma general lo confeccionaban mujeres de buena posición económica, porque para obtener el efecto deseado una tenía que contar con varios metros de la misma tela, cosa que no ocurría con el quilt de parches, que se confeccionaba aprovechando distintos retales. A nadie, y a ti menos que a nadie, le gustan las sobras, algo que, por su propia naturaleza, se comparte con otras personas. Tienes esta misma actitud respecto de la comida, las tiendas de ropa de segunda mano (los zapatos usados te producen una desagradable sensación de terror, pero es que tu infancia transcurrió en la década de los treinta), las casas viejas, los coches usados y los pretendientes viudos. Deseas que lo tuyo sea nuevo y sin usar; quieres que sea únicamente tuyo, que lleve tu marca.

Tal vez quieras exhibir lo que es tuyo; deleitarte en tu conexión con algo valioso. Hay varias maneras de desplegar un quilt en la pared. Una de ellas es coser una tira de velcro en el envés del borde superior, poniendo buen cuidado en no agujerear la superficie del quilt. Luego, con una grapadora se engancha a la pared otra tira de velcro de igual longitud. También podrías coser un cuadradito de velcro en las cuatro esquinas para evitar que se doble. Así quedará bien terso.

O simula que eres un pintor y que estás extendiendo la tela sobre el bastidor. Construye tú misma ese bastidor. Lo has visto hacer en tu propio hogar, a tu marido, no eres ajena al arte ni a la exhibición ni a la tela desnuda. Muéstrate derrochadora e instala pequeñas bisagras en cada esquina, con objeto de plegar el bastidor si te hartas de lucirlo o si el hombre al que adoras se cansa de ti y te obliga a buscar una nueva residencia; o encuéntrale al quilt otra utilidad que no sea la de ser exhibido; o simplemente hártate de contemplar el trabajo de la artista. Aplica velcro al contorno del bastidor y también al del quilt. Toma las medidas exactas del quilt. Recuerda que siempre hay que medir dos veces antes de cortar. Arranca el quilt de su soporte –al igual que has temido verte arrancada del tejido de tu matrimonio– a fin de limpiarlo convenientemente o de guardarlo.

Recuerda que el guardar un quilt lo protege del deterioro ocasionado por el calor, la humedad y la luz, pero no permitirá que nadie, ni siquiera tú, disfrute de su belleza. Eso lo olvida a veces el ávido coleccionista que desea poseer pero no disfrutar. ¿Eres capaz de relajarte si tu marido no está visible? ¿Te produce inquietud pensar qué estará haciendo sin ti? ¿Lejos de ti? Imagínatelo flirteando en la ciudad con una chica (alguien en quien nunca te has fijado) que él considera digna de atención; aunque sea de un modo pasajero. Desea por un instante poder colocar a tu marido en algún sitio y sacarlo de allí sólo para recrearte la vista, desea que él agradezca tu admiración. Concédete el placer de disfrutar de tu quilt.

El método de exhibición más utilizado en las galerías y los museos requiere un trozo de muselina de veinticinco centímetros, hilos del quilt que no se vean, grapas y un bastidor de madera. Te sería fácil descubrir un modo más correcto de realizar esta tarea. No es un método difícil. Pero parte de tu problema es que descubres con facilidad muchas cosas, y eso constituye más una calamidad que una ventaja; desde luego, hay cosas que preferirías no saber. Sin embargo, colgar un quilt de esta forma puede representar más trabajo del que estás dispuesta a realizar.

Por último, y eso sólo se le aconseja a un constructor de bastidores formal y experimentado, a uno que busque no sólo una importante inversión financiera sino que quiera emplear su tiempo y su destreza, compra una gran caja de plexiglás del tamaño de un quilt. Haz una abertura en la parte posterior para que el quilt «respire». Ya sabes, nada puede permanecer inviolado en una caja, a salvo del daño que puede infligir a un matrimonio un marido corrido que tan a menudo te ha dicho que no puede evitar irse de picos pardos. Él bien desearía no hacerlo, porque te quiere; porque, como dice, tú eres su sustento; porque le angustia profundamente hacerte llorar, hacerte sufrir. Pero, cuando anda suelto por el mundo, no puedes confiar en él.

Date cuenta de que este modo de conservar un quilt constituye un alivio cuando amigos fumadores o descuidados (una pareja descuidada puede matar el amor si no se la controla) vienen a cenar a tu casa y se detienen a admirar el precioso quilt. (Te agrada que admiren algo que posees; no obstante, te preocupa la posibilidad de que uno de los dos se lo apropie.) Recuerda que a veces ocurren accidentes y que ver que tu quilt ha sufrido algún daño te destrozará el corazón.

Significa mucho para ti.

A veces preferirías que no te importara tanto.

Uno de los inconvenientes de este método –el quilt en una caja de plexiglás– es que pierdes ese sentimiento de intimidad con tu obra. Tanto tú como los invitados (y quizá la chica de la ciudad con la que él ha flirteado) abrigaréis el deseo de tocar el quilt, pero ellos tendrán que contentarse con imaginar el tacto de las pequeñas puntadas, la suavidad de la tela, sus desigualdades (todo lo que le confiere ese aspecto tan real), el relieve especial que tienen ciertas zonas escogidas que has rellenado y que no deben confundirse con la guata de algodón que separa el forro de la superficie. No omitas percatarte de que este método de exhibición realza la belleza del quilt como obra de arte. Un objeto corriente y hogareño ha sido transformado. Menea la cabeza ante tal transformación.

Si el plexiglás está teñido proporcionará una mejor protección contra la luz que entra en el cuarto y perjudica al quilt. Impedirá que éste se decolore. Quizá lleguen a abrumarte tantas precauciones para proteger tu quilt, tantas maquinaciones para mantenerlo en buenas condiciones. Las mujeres de tu grupo convienen en que vale la pena; todo lo que vale la pena tener merece ser protegido para no perderlo. Tu matrimonio merece ser protegido; te han dicho que la pasión se debilita. Pero también sucede que tanta protección le da a tu quilt una apariencia flácida y mortecina. Puede que no desees entregarlo a ese destino.

Tal vez quieras arriesgarte. No te casaste para vigilar a otro ser humano. Te equivocaste al creer que el amor os sostendría a los dos. Que los hilos que componían la trama de vuestro matrimonio no se romperían jamás; que se fortalecerían al estar más juntos y próximos. Pero descubres con tristeza que, aunque él y tú estáis unidos en uno solo, no sois una misma persona; que el matrimonio acaso exija algo más que amor. Esta idea de que el amor no es la mayor fuerza de la vida choca tu sensibilidad. O quizá sea que no significa lo mismo para todo el mundo.

En cuanto a la luz de la habitación: puede desteñir el quilt y lo hará. Es posible que te guste su aspecto cuando el sol de la mañana lo acaricia como con pereza, deleitándose en el dulce transcurrir de las horas matinales, calentando la habitación y resaltando los colores; pero ten presente que eso a la larga estropeará el quilt.

Tus alternativas están claras: colocar una persiana en la ventana o trasladar el quilt. Aquí no hay zonas grises: ha de ser lo uno o lo otro. Cualquier otra decisión pondrá en peligro tu labor. Hay que evitar que se destiña, porque eso echa a perder el quilt y sólo te permitirá conservar el recuerdo de lo que fue. Siempre ocurre lo mismo. No existe solución intermedia.

Los paraguas no servirán de nada

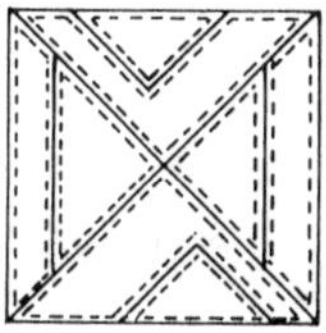

Una lluvia tan corrosiva como la que existe en Venus sería uno de los fluidos más potentes y destructivos del sistema solar. Quemaría la carne humana en cuestión de pocos minutos. Los paraguas no servirían de nada.

A Em Reed no le apetece demasiado coser el próximo quilt que han proyectado, un *Patchwork Loco.* Sabe que al confeccionar ese modelo se asume una responsabilidad diferente. Sabe asimismo que, a pesar de que su contribución parecerá fortuita, en realidad estará preñada de vivencias personales. (Les ha oído decir que quizá confeccionen un quilt de novia para Finn Bennet-Dodd, y Em no cree poder soportar una tarea que tiene al matrimonio en su punto de mira.) Las integrantes del grupo de costura se preguntarán acerca de sus retazos o harán conjeturas sobre ellos, y Em no tiene la imaginación suficiente para mentir. De modo que se siente desdichada.

Tampoco Dean sabe mentir, se dice a sí misma. Durante los últimos ocho meses ha estado visitando con regularidad y sin ocultarse a Constance Saunders; desde el día en que Howell se fue al otro mundo. Em cree que las viudas deberían aceptar su soledad con elegancia en lugar de intentar sustituir al marido que han perdido por el marido de otra.

Lo peor de todo es, por descontado, tener que estar sentada haciendo patchwork en la misma habitación que Constance, quien se inclina sobre la labor mientras las gafas de Howell, demasiado grandes para su carita, le resbalan sobre la nariz. Cuando la observa pinchar el tejido manejando la aguja con torpeza, Em se pregunta si sus propias manos parecerán tan lerdas. Piensa que Dean tal vez encuentre elegantes las manos de Constance; antes encontraba elegantes las de Em, y ella sabe de qué modo influye el amor en Dean. Todo se refleja en sus ojos de pintor y su corazón desleal. A veces Constance le susurra algo a Marianna y, aunque Em no alcanza a oírla, la dulzura de su voz es como un puñal que le atraviesa el corazón.

Anna Neale le ha dicho que no importa, que mientras Dean siga durmiendo en casa cada noche, Emma no tiene por qué preocuparse. Em tiene ganas de decir: «Anna, no sabes de lo que hablas», porque Anna nunca ha estado casada, pero se contiene. Incluso se abstiene de patear la silla de Constance al pasar detrás de ella o de pincharla con una aguja o de decirle a gritos que vaya a buscarse otro hombre. Pensándolo bien, puede necesitar la simpatía de las demás ; pero existe otra razón, y es que eso no conseguiría que nada cambiase en la vida de Em.

Lo que Em no se anima a contar a las demás componentes del grupo es que ésta no es la primera aventura extraconyugal de Dean; la primera fue durante los primeros años de su matrimonio. Ni siquiera es la segunda. Dean quería ser pintor (de hecho tenía talento), pero de algún modo su sueño se malogró y tuvo que dedicarse a enseñar arte a estudiantes que tenían pocas aptitudes y menos sensibilidad. Se sintió frustrado, algo que a menudo les ocurre a las personas creativas a quienes se les niega su medio de expresión. Se tornó malhumorado, cruel con su entorno familiar. A veces le aquejaban crisis de melancolía y culpaba a todos de su fracaso; también se culpaba a sí mismo. Otras veces le estimulaba un sentimiento de esperanza y se mostraba feliz y afectuoso.

Sin embargo, cuando llevaban tres años casados, Em pensó en pedir el divorcio debido a aquella primera aventura. Dean no era lo que su círculo social llamaría «un hombre cabal», a causa de sus saltos de humor y su talento desperdiciado; su modo de ser imprevisible y cínico le excluía de la compañía de los hombres cabales. Pero nadie sabía que le era infiel a Em.

Em todavía recuerda cuando le decía a Sophia Richards:

–No seas ridícula, esa chica no es más que una estudiante a quien él le da clases. ¿Acaso es un pecado dar clases particulares?

O también, otra vez a Sophia:

–¡Jesús!, es increíble lo mucho que habla la gente de esta ciudad sin saber nada de nada.

Sophia la interrumpió:

–Em, soy tu amiga. –Tenía el codo posado en la mesa y la barbilla apoyada en el dorso de la mano. Parecía estar contemplando algo más allá de Em, con una mirada amable y algo desenfocada–. Sé cómo son los maridos –añadió–. Conozco a Dean.

A Em eso la tomó por sorpresa y le hizo preguntarse qué quería decir Sophia con ese «conozco a Dean», pero luego sacudió la cabeza. Sophia no entendía nada de su matrimonio.

–No, esta vez te equivocas –dijo Em.

Sophia se encogió de hombros y Em resistió la tentación de hacerle confidencias a su mejor amiga. No podía soportar verse en la tesitura de confesar la infidelidad de Dean y de defenderlo al mismo tiempo.

Como Em odiaba la idea de los matrimonios basados en la suspicacia y la desconfianza, al principio se negó a creer en la traición de Dean. Sabía que él era distinto a los granjeros, rancheros y modestos hombres de negocios de la región; se había casado con él porque no era convencional. Pero ahora quería que se comportase como un marido «normal». Em solía decirse: «No va con mi carácter eso de ser "diferente", aunque daría algo por serlo». Por consiguiente, como les sucede a las mujeres de condición humilde o carentes de relaciones sociales que se casan por dinero o por prestigio, Em se casó con un hombre que pisoteaba las convenciones, porque ella no tenía suficiente valor para hacerlo.

Obviamente, veía en el matrimonio una unión de elementos complementarios para crear un todo.

Em quería seguir con Dean (después de aquella primera chica), no quería pensar en el divorcio porque comprendía la cólera de él y su don mal empleado; con el tiempo lo perdonó, porque lo comprendía, pero ya no estaba segura de respetarlo ni tan sólo de que le gustara. Oh, seguía queriéndolo, pero para ella ya no constituía un amigo. Recuerda un día, cuando llevaba un rato sentada en la bañera en la que el agua se había quedado tibia y las burbujas se habían deshinchado dejando un reborde de sucia espuma alrededor del baño. Recuerda que se volvió a medias hacia Dean, que estaba acuclillado junto a ella sobre la alfombrilla (con los grandes pies hincados en los rizos de algodón) y, agarrada al borde de la bañera con los dedos empapados y arrugados por el agua, trató de descifrar aquel amor de su marido por la otra chica.

–Oye –le preguntó, perpleja–, ¿se trata de algo que no hago? ¿Es por mi culpa? –Después añadió, como si comentara la vida de otra mujer en lugar de la suya–: Y pensar que nos queremos.

Se le ocurrió que quizá no se respetaba a sí misma. ¿Acaso era posible unirse a un hombre ante los ojos de Dios, formar un solo ser con él, ser incapaz de respetarlo y sin embargo continuar respetándose a sí misma, teniendo además en cuenta que una considera el matrimonio como dos mitades que forman un todo? Ella no lo sabía; ya estaban los dos demasiado fusionados para saberlo.

Luego, cuando Em se hubo puesto el albornoz y pasaron a la habitación, ella abordó el tema del divorcio, con lo que Dean se echó en sus brazos y, sollozando a moco tendido, le dijo que hiciese lo que debía hacer, le suplicó que no lo dejase, reconoció que no era fácil vivir con él pero que la quería de verdad.

En lo más íntimo de su alma Em creyó equivocadamente que ese hombre estaba destinado a ser su cruz, a ser la experiencia que la iba a robustecer y a hacerla tan fuerte que nada podría ya afectarla.

Un año después descubrió que Dean se había liado con otra. Todo lo que Em sabía de esa mujer era que contaba dos años más que él y que tenía que ver con la academia donde Dean trabajaba. Em le preguntó llorando a lágrima viva:

–¿Cómo puedes seguir haciéndome esto? ¿Por qué continúas haciéndolo? –En su fuero interno se preguntó con una especie de curiosidad objetiva si no sería que ella era incapaz de despertar amor o si ese amor no tendría unos límites estrictos, tal vez una duración máxima de tres o cuatro años–. ¿Por qué me haces esto?

Dean permanecía tranquilo, y habló en voz baja y con un tono de derrota:

–Te quiero, créeme –le dijo.

Em se notó las palmas y el dorso de los afilados dedos mojados de lágrimas.

–Em –prosiguió él–, soy un tipo que ha perdido el control de todo. No puedo ser pintor, no puedo cambiar mi suerte y no puedo soportarlo. Soy cínico y cruel, pero estoy condenado a ver el mundo en términos románticos.

Em lo miró con una expresión furiosa en los húmedos ojos. Pensó que era un notable egoísta y un hijo de puta.

–Cabrón –le soltó.

Entonces recordó otro episodio. Cuando, un año atrás, Dean acababa de romper con su primera amante, la chica llamó un par de veces a su casa pidiendo llorosa por Dean: «Si tan sólo pudiera hablar con él un minuto –dijo–, hoy podría dormir un poco y no volvería a molestarla más». Sin embargo, Em se negó a escuchar sus promesas y se limitó a tenderle el teléfono a Dean, en cuyo rostro apareció una expresión dura e irritada cuando preguntó con una profunda inspiración: «¿Qué quieres de mí? Ya te he dicho todo lo que tenía que decir». Después su tono se suavizó ligeramente (de un modo tan imperceptible que sólo una esposa podía notarlo) y añadió: «Lo sé. Lo sé. ¿No te advertí que lo nuestro no tenía salida? ¿No lo veías?».

Em se había cruzado de brazos y tenía los labios tan apretados que formaban una línea tensa, de modo que Dean se volvió de espaldas y cortó en seco la conversación. No obstante, Em habría jurado que lo oyó susurrar «nena» junto al auricular antes de declarar que lo sentía mucho, de veras, pero habían terminado y que ella tenía que aceptarlo. El auricular volvió a su sitio sobre el aparato y Dean salió de la habitación, aunque antes se detuvo y le tocó con ternura el brazo a Em. Ésta lo oyó trajinar en el estudio y clavar con grapas una tela a un bastidor de madera, y luego todo quedó en silencio; el trazo de un pincel es como un bisbiseo en una cueva y no puede oírse a menos que uno esté muy cerca.

En aquella época, Em acostumbraba a encerrarse en el dormitorio dando un portazo o a emprender con enfado largas caminatas, pisando con violencia y murmurando a menudo para sí. Se decía que Dean se mostraba arrepentido y de buena fe, que le había prometido no volver a hacerlo, que todo el mundo comete errores, y ¿qué sería de nosotros si no fuéramos capaces de perdonar de vez en cuando? En otros momentos (y eso era todavía peor) Em montaba en cólera sin razón alguna –a veces durante una agradable cena, una excursión o un baile–, cuando se sentía inexplicablemente feliz junto a Dean, cuando más lo amaba; como un repentino brote de fiebre, su ira estallaba enturbiándole la alegría, y Dean se apartaba de ella con gesto contrito. Em se volvía hacia él y, sin tener en cuenta dónde se hallaban ni lo que estaban haciendo, le decía:

–Quiero irme a casa. Ahora.

Un día se dirigían en coche a Los Ángeles para visitar una exposición en el Museo de Arte, cuando Em tomó impulso y le asestó un puñetazo en la mandíbula, aunque en el instante anterior había estado acurrucada bajo su brazo.

–¿Qué demonios te pasa? –preguntó él agarrándole con fuerza el brazo para inmovilizárselo y como si fuera a devolverle el golpe.

–Nunca debería haberte perdonado. Debía haberte obligado a marcharte.

–¿Es eso lo que quieres?

–Lo que quiero –contestó ella pronunciando con deliberación las palabras– es que no haya ocurrido nada entre esa chica y tú. Lo que quiero es castigarte. No creo que hayas sufrido.

–Muy bonito, Em.

–Quiero hacerte daño.

Pero luego se le pasaba y ella le pedía perdón y él también se lo pedía y renovaban los dos su promesa de quererse y cuidarse mutuamente, y Em se convencía de que uno se repone de estas cosas como de una enfermedad.

Ahora todo volvía a repetirse y él le decía:

–Lo único que puedo cambiar y controlar, la única aventura que está a mi alcance es el amor.

Em se abalanzó sobre él y le golpeó el rostro y la cabeza con una furia salvaje. Mientras lo agredía, de su garganta brotaban jadeos y chillidos. Él se había aprovechado de su comprensiva manera de ser. Dean no lidió con ella pero se protegió. Em había procurado darle lo que necesitaba: comprensión, perdón. Mas cuando hubo satisfecho sus necesidades, él se inventó otras nuevas y buscó a otra mujer que las satisficiera. Sus necesidades personales eran más considerables que la comprensión de su esposa, más considerables que la suma de su matrimonio.

Em se marchó. Se fue a casa de su madre. Se alegraba de no tener hijos.

En casa de su madre descubrió que estaba embarazada.

Pero aun así, no regresó.

Dean la telefoneó por Navidad.

–Felices Navidades –le dijo, y ella colgó el aparato sin soltar palabra, porque sabía que Dean no sentía más que desprecio por esas fiestas, por los «pobres tontos» que daban importancia a tales cosas, y en el mes de diciembre rezongaba sin parar sobre la ausencia de auténtica religión. Em estaba encinta de dos meses y la aquejaban las náuseas matinales y una especie de malestar general. Su madre dijo:

–Cuando te esperaba a ti no hacía más que comer y dormir y desear que aquello se acabara.

–¿No fuiste encontrándote mejor? –le preguntó Em desde el sofá donde yacía con los ojos medio cerrados y sumida en una ensoñación que incluía una alucinación curiosamente agradable en la que veía a Dean.

La madre le tendió un bombón de chocolate a la hija, quien abrió la boca permitiendo que se lo colocase dentro.

–Bueno –dijo su madre sonriendo–, sí y no. Es decir, el segundo trimestre fue el mejor de los tres, pero en cuanto al resto, niña, ya lo decidirás por ti misma.

–Gracias por darme ánimo.

–Tesoro, si quieres un cuento de hadas, pregúntale al doctor acerca del embarazo. Estoy segura de que te dirá lo que quieres oír.

–¿Voy a estar siempre tan cansada? –A Em le pareció que su voz flotaba, dando vueltas a su alrededor sobre el sofá. Deseó que su madre la atrapara y la inmovilizara.

–Claro que sí, cariño –la tranquilizó la madre dándole unos golpecitos cariñosos en la pierna mientras Em se sumía en un sueño de corta duración.

FELIZ AÑO NUEVO, decía el telegrama, firmado TEQUIEROSTOPDEAN, que Em hizo pedazos y tiró a la basura. El día de San Valentín llegó un ramo de lirios y narcisos acompañado de una caja de bombones con la cubierta pintada a mano. En abril, fue una felicitación de cumpleaños, seguida, en Pascua, por una gran cesta de azucenas, unos pollitos de caramelo blando y un huevo de alabastro. Todo fue a parar a la basura. Esos regalos no los entregó Dean personalmente, sino que los llevó un mensajero.

–Por lo menos tiene la decencia de no aparecer por aquí –dijo Em.

Sophia Richards pasaba a veces de visita; por esa época estaba embarazada de su segundo hijo y a menudo acudía con la pequeña Duff, una niña muy seria. Se había unido al grupo que cosía quilts en casa de Glady Joe Cleary y se empeñó en que Em también asistiera. Al principio, ésta se negó, dijo que prefería quedarse en casa de sus padres en lugar de atravesar en coche las calles de Grasse, donde era posible que viera a Dean andando por ahí con algún pingo colgado del brazo. Le gustaba estar lejos de Grasse, sin preocuparse de nada, disfrutando de la sedante compañía de su madre o contemplando a su padre mientras éste trabajaba en el taller de la casa.

Ya entrada la tarde de aquella calurosa primavera, Em, encinta de siete meses, estaba sentada en el porche de la casa de sus padres. Acababa de salir de la piscinita que su padre le había construido cuando ella era niña. Vestía una vieja combinación de su madre que le quedaba tirante en la barriga. Mientras se retorcía el borde de la prenda para escurrirla, se pasaba los dedos por los cortos cabellos y se sacudía de encima el agua, el coche de Dean se detuvo frente a la casa. Em se quedó rígida y se agarró a los brazos de la silla de metal en la que estaba instalada; se inclinó un poco hacia delante, como si una fuerza la atrajera a su pesar hacia él. Pero no se levantó cuando Dean se aproximó (el embarazo de siete meses la había vuelto muy torpe y ya no se fiaba de su sentido del equilibrio).

–Hola, Em –dijo Dean.

–Hola –dijo ella, sonriendo.

Dean se agachó y le acarició los húmedos cabellos. Luego, se dejó caer de rodillas, se deslizó entre las piernas separadas de su mujer y le rodeó con los brazos las anchas caderas, apoyando la mejilla sobre su vientre tenso.

Em no separó las manos de los brazos del asiento. Pensó: «Si ahora te echas a llorar, juro que no volveré jamás contigo»; no había olvidado cómo en el pasado la había seducido con sus lágrimas.

Pero Dean no se echó a llorar; por el contrario, parecía contento. Y el hecho de verle feliz (aunque ella sospechaba que a la larga él sería incapaz de continuar así, pues su temperamento romántico aniquilaba toda felicidad duradera, ya que lo que va ligado a los amoríos es el cinismo, no la felicidad) la conquistó de nuevo.

En la creciente oscuridad, Em trata de convencerse de que algo ha retenido a Dean en la academia donde trabaja, pero sabe que está en algún lugar con Constance. Se dirige resuelta al primer piso y empieza a arrojar sus ropas dentro de una maleta. Le cuesta creer que, a sus sesenta y tres años, vaya por fin a abandonarlo. La humillación de ver a Constance en el grupo de costura y de que Dean porfíe en que entre ellos dos sólo hay una buena amistad es más de lo que puede soportar. Intenta telefonear a su hija, Inez, que vive en un pequeño y costoso chalé en Mill Valley. Em se propone decirle: «Sólo necesito un lugar donde quedarme mientras aclaro las ideas».

Nadie contesta al teléfono. Em consulta el reloj, se sienta en la cama y balancea el pie con impaciencia. Nunca le ha contado a Inez que ella y Dean estuvieron separados durante casi todo su embarazo. Ni que Dean se negó a tener más hijos después de que naciera Inez. Dijo: «No. Imposible. No creo que sea capaz de querer tanto a otro niño como quiero a Inez. Quiero que este sentimiento se conserve puro». ¿Puro? ¿Qué demonios significa eso?, se pregunta Em por milésima vez. Es una prueba más del egoísmo de Dean; siempre lo que él quiere, no lo que quiere ella.

Se pregunta cómo acogerá la noticia Inez, su hija, que parece quererlos a los dos por igual, adorarlos a ambos. Dean demostró ser un buen padre, saber por intuición lo que debía dar a la niña y lo que debía negarle, de modo que ésta no huyó de su casa como alma que lleva el diablo en cuanto tuvo la edad suficiente, como hacían tantos jóvenes de Grasse.

Em vuelve a marcar el número de Inez, pero sigue sin responder nadie. «Ojalá me gustara fumar», dice en voz alta. En compensación, se precipita a la planta baja para servirse un vaso de vino.

Recuerda que ha pensado llevarse el corazón de plata de Tiffany. Dean se lo compró durante un viaje que hicieron juntos a Nueva York, muchos años atrás; ese regalo fue el remate de un día en que recorrieron el centro de la ciudad y visitaron el Frick y el Whitney y el Guggenheim, un día en que comieron en el Café des Artistes y se plantaron al pie de la Estatua de la Libertad para contemplarla impresionados. Han transcurrido años sin que Em luzca ese adorno y no puede ponérselo ahora, cuando Constance forma parte de la vida de Dean. Sería una mentira. (Pero tampoco quiere dejarlo ahí.) Dean sí que miente.

Sin embargo, como no logra encontrar el corazón de plata después de haber buscado en todos los rincones donde cree que puede estar, decide mirar en el estudio de su marido.

Dean y Em habían acordado tácitamente que ella no entraría en el estudio en ausencia de él («Qué tonto llegas a ser», dijo ella), pero hoy, cuando ella está a punto de emprender su hégira, ese pacto le importa un bledo. No se siente obligada a respetar ningún acuerdo que hayan concertado; todo lo que había entre ellos ha quedado anulado e invalidado. Esto es un adiós.

Abre la puerta y se dirige derechito a la alta y endeble vitrina que contiene cajas, piedras lisas y curiosidades, dispuesta a recuperar su corazón, pero se detiene para echar una última ojeada. Qué deshonesta y rebelde se siente en el estudio de Dean sin Dean. Es una sensación terrible de ingravidez, algo así como un mareo.

La máxima aspiración de Dean era representar la vida de una persona desde la cuna hasta la sepultura. De modo que había empezado a pintar a Em ya antes de que se casaran.

En la pared se ve a sí misma a los diecinueve años, recién prometida y peinada al estilo de los años cuarenta, con esa curiosa permanente que sólo te rizaba el flequillo y las puntas dejándote liso el resto de la melena. Luego se ve a los veinte años, vestida con una blusa blanca con hombreras y unos viejos pantalones cortos de Dean que le llegan hasta las rodillas y forman pliegues en su fina cintura porque se los ha amarrado con un cinturón de cowboy hecho a mano que compraron en Nuevo México durante el viaje de novios. Em recuerda que en aquel momento le dijo a Dean:

–No quiero que me pintes con esta ropa vieja y fea. Si vas a hacer mi retrato, quiero estar preciosa.

–Exactamente –contestó él, y le ordenó que se estuviera quieta.

En otro cuadro, se advierte un rictus de preocupación en la frente de Em y minúsculas arrugas de desdicha alrededor de la boca, consecuencias de haber descubierto la infidelidad de Dean. En el siguiente, está reclinada en un sofá, visiblemente incómoda a causa de su abultado vientre de gestante, pero con esa luminosidad en la piel que le confieren la maternidad y la reafirmación de su matrimonio («Vamos –se dice Em–, ¿es posible que estuviera tan radiante o se trata de un embellecimiento achacable al artista?»), y además, si no se equivoca, tiene las piernas ligeramente hichadas debido a la retención de agua propia del embarazo. En otro retrato, pintado no mucho después de esa fecha, está ataviada con un traje negro de cóctel y un collar de perlas, posando de pie y con los ojos bajos.

De nuevo Em, esta vez con Inez, un bebé de un año, las dos vestidas exactamente iguales. Em abrazando a Inez; Em envuelta en ropajes de gasa, con la cara sin maquillar al rozar la treintena; Em con un traje de tarde, sombrero y gafas de sol; Em con las mismas gafas pero desnuda; Em cercana a los cuarenta en una pose semejante a la de la *maja* de Goya («¿Qué has dicho que es?», le preguntó a Dean); Em en el jardín; Em dormida; Em a sus cincuenta y dos años, con la mano en la frente.

En ocasiones Dean bosquejaba tan sólo aquel hueco en la base de su garganta; sus manos en reposo; su mirada directa, sus cabellos revueltos; su torso, centrándose en los pechos y el vientre, con una ligera sombra de vello que señalaba el comienzo del pubis. La pintaba vestida y desnuda; a menudo sin sonreír o con un esbozo de sonrisa en los labios cerrados. Reproducía sus pies; su brazo doblado, con el puño cerrado como Charles Atlas; su espalda nervuda en la que los músculos ponían un ligero relieve; su estrecha cintura; sus nalgas, un poco grandes, casi como las ancas de un animal, con hoyuelos de grasa en la zona superior de los muslos; sus piernas, dobladas en un ángulo favorecedor. Tantas pinturas de las distintas partes de su cuerpo. Como si, diseccionando el modelo, Dean pudiera reconstruirlo a su gusto o localizar el núcleo sustancial. Al contemplar todos esos cuadros que formaban un todo, Em no fue capaz de decidir si ese enfoque fragmentado de su persona denotaba amor o aborrecimiento. Podría decirse que Dean la desmembraba de ese modo a fin de estudiar, resaltar o ensalzar mejor cada detalle de su ser; como si su amor por ella fuera tan intenso que sólo pudiera entregárselo en pequeñas dosis, cada vez a una parte distinta de su cuerpo. Como si el hecho de adorarla pudiera acabar por abrumarlo.

No es que Em no haya visto antes esas telas, pero, a saber por qué, el verlas diseminadas casi al azar por el estudio, ahora que ya ha alcanzado una avanzada madurez, la obliga a reflexionar. Por un lado, no se reconoce en ninguna de ellas, no concibe que todas esas poses y esos trozos de Em sean ella misma. Por otro, le maravilla que Dean conozca tan bien todas sus facetas y se haya tomado la molestia de plasmarlas como si algún día ella fuera a desaparecer dejando sólo tras de sí esos miles de imágenes.

Lo que también la impresiona es lo que las diversas representaciones de ella revelan acerca del propio Dean: erotismo, satisfacción, adoración, enfado, posible peligro, resentimiento, frialdad. Y se descubre diciéndole a nadie en particular: «Te juro que adora a esta mujer», como si no se tratara de ella, sino de otra de las Mujeres de Dean. De súbito se da cuenta de que no puede abandonar a un hombre que la conoce tan bien. No puede andar por el mundo sin él, ahora que comprende cuánto de sí misma ha de dejar atrás. Ahora que comprende lo muy casados que están los dos.

Em regresa despacio al dormitorio para deshacer las maletas. Dean todavía no ha vuelto a casa. Al dirigirse al armario, percibe el suave oscilar de una planta colgante y el temblor de los cristales de las ventanas. La lámpara de la mesilla empieza a brincar y los frascos de perfume que adornan la superficie de vidrio del tocador comienzan a vibrar. Sabe que no es un estampido sónico sino un terremoto. Em se queda inmóvil en el centro de la habitación, dudando entre ir a refugiarse bajo el quicio de la puerta o hacerse un ovillo debajo del tocador, pero los terremotos no suelen asustarla y por lo general se terminan antes de que logre decidir en qué sitio estará más a salvo.

Luego todo queda en silencio. Se ha acabado.

Siente un curioso alivio después del temblor, como si éste hiciera las veces de un cortocircuito en su psique, confiriéndole la facultad de respirar hondo y empezar de nuevo. No es que al iniciarse el temblor no sienta cierta inquietud, pero su aprensión raras veces la impulsa a actuar. En ocasiones se acusa de ser o muy confiada o muy estúpida, aunque siempre espera salir de esa situación perturbada pero indemne.

Lo primero que piensa es: «¿Dónde está Dean?».

Pero la casa deja de bambolearse y todo está tranquilo. Cuando Em levanta la vista descubre a Dean en el umbral, con el rostro lívido y una expresión de profundo y afligido amor.

Dean no era lo que el grupo de costura consideraba un «hombre cabal».

Pero además de los arrebatos de ira tenía reservas de bondad y Em acabó por considerarlo inestimable. ¿Cómo podía abandonar a un hombre que la conocía tan a fondo?

Eso es lo que infunde tanta perplejidad en la gente: la sensación de andar por ahí acompañada pero aún por conocer.

Em no soporta la relación de Dean con Constance y tampoco es capaz de dejarlo. Em aportará rosas amarillas y corazones de plata al futuro *Patchwork Loco.* «Yo lo llamo *El jardín de Chickie*», le dijo Constance a Marianna.

No puede abandonarlo. ¿Dejará de ser alguna vez el niño que llora porque quiere alcanzar la Luna?

INSTRUCCIONES Nº 5

Esperar. El peor sueño de la noche, cuando no te hallas junto al ser a quien amas y no sabes con exactitud dónde está pero sí sabes que corre peligro. Te oprime esa sensación de ignorancia, preocupación y temor que puede destrozarte como los dientes afiladísimos de una fiera que te ataca de repente. Te atormenta el deseo de mantener a salvo a tu amado. Pero quizás él se encuentra en un país lejano, luchando en una guerra justa como la Segunda Guerra Mundial, o en una guerra no declarada como la del Vietnam. Para ti la cosa no cambia; esos conflictos reclaman al hombre que has parido, al hombre con que te has casado, al hombre que te ha engendrado. Los hombres luchan. Las mujeres esperan.

Se precisa la paciencia de Job.

Un quilt debería mantenerse limpio y convenientemente guardado cuando no se utiliza ni se exhibe. Se desaconseja el plástico para largos períodos de almacenaje; es mejor emplear un papel de embalaje que no contenga ácido, ése capaz de conservar un vestido de novia hasta mucho después de la ceremonia. Lo puedes adquirir a través de una empresa de la ciudad de Nueva York.

Cuidado con las manchas de humedad y con los estragos producidos por polillas o roedores. El problema estriba en que tal vez ignores cuándo esos elementos o esos bichos amenazan tu quilt. Quizá mientras cocinas para tu familia o arreglas el salón o riegas el jardín o contribuyes a ganar la guerra trabajando en una fábrica de municiones. Acaso estés comprando gasolina con la cartilla de racionamiento. Totalmente ajena al peligro que amenaza a tu quilt. Tal vez lo creas a salvo en un armario del piso de arriba, en la buhardilla o en el sótano. Has hecho todo lo que dicen los libros acerca de cómo almacenarlo correctamente y librarlo de cualquier daño. Sin embargo, puede que no esté a salvo. No utilices lejía. Este potente producto químico desintegrará tu quilt ante tus propios ojos y tendrás que explicarle a tu tía, a tu madre o a una amiga lo que le ha ocurrido al quilt que te regaló con ocasión de tu nacimiento, tu boda o la fiesta de Navidad. Pero ya sabes que los productos químicos pueden destrozar muchas cosas. El gas mostaza produjo lesiones permanentes a innumerables combatientes de la Gran Guerra; el «agente químico naranja» dejó su impronta en los veteranos del Vietnam.

Recurre a un método suave de limpieza y ten presente que al quilt no le beneficia en absoluto permanecer sucio, ni tan sólo rozado. Consigue un delicado equilibrio en su cuidado. Es probable que, pese a todas las precauciones, muestre cierto deterioro producido por el paso del tiempo. No te alarme, forma parte del ciclo vital de las fibras textiles.

Ponlo a secar en una superficie plana o, si careces de espacio, sobre el toallero del cuarto de baño. Las temperaturas extremas pueden afectar al quilt que no ha sido convenientemente guardado, en especial el calor. Sabes que en las junglas del Sudeste Asiático reinan un calor y una humedad que llegan a ser brutales. Es posible que adviertas que ha perdido un poco de color.

A veces una tintorería versada en el oficio puede solventarte el problema de la limpieza del quilt. Recuerda, si lo haces tú misma, que has de comprobar la solidez del tejido frotando antes un trocito con unas gotas de detergente. Algunos hilos y colores se destiñen. Presta atención.

Enjuaga siempre en agua fría y clara.

Y recuerda que, por muy cuidadosa que seas, tal vez no consigas evitar que tu quilt sufra algún daño, y que, a pesar del cariño que le profesas, del tiempo y la pericia que hayas invertido en su confección, o de que hayas observado al pie de la letra los procedimientos para su conservación, algo insospechado puede estropearlo de un modo irreparable, dejando únicamente la sombra de lo que fue. No te lo reproches, puede que no sea culpa tuya. Hiciste cuanto estuvo en tus manos. Esos tejidos no son tan resistentes. Estas cosas ocurren.

Esperar. Durante los años cuarenta las mujeres salieron del ámbito hogareño para ir a llenar el vacío dejado por los hombres (ahora soldados) en las fábricas de municiones, o para sentarse a solas en la cabina del guardagujas. Por primera vez, los puestos de trabajo fueron ocupados por mujeres casadas, no sólo por chicas jóvenes, solteras o pobres. El número de estas trabajadoras aumentó en un 57 por ciento. Sin embargo, no había mujeres médicos, ni mujeres que tomaran decisiones de alto nivel; no existía igualdad de sueldos. Y cuando los hombres regresaron a casa, se impuso la vuelta al hogar, donde te animaban a buscar nuevas recetas, a controlar los deberes escolares de los niños que tenías que traer al mundo..., los niños necesitaban madres que los esperaran en casa después del colegio, los maridos confiaban en que las esposas los aguardaran junto a la puerta con una copa de martini mientras los aromas culinarios de la cena se esparcían por la vivienda. Esa vigilancia que las mujeres ejercen sobre su familia.

Lo que nadie os dijo acerca de esos varoncitos que llevasteis en vuestro seno es que un día os los iban a arrebatar como hicieron con vuestros maridos; a esos chicos sólo os los habían dejado en préstamo.

Se confeccionan más quilts durante las épocas de guerra; los quilts reflejaron la Guerra de la Independencia; dieron fe de la Guerra de Secesión y sus seiscientas mil bajas; algunos lucen signos de la victoria o los nombres de allegados muertos en batallas, ya sea en lugares cercanos o tan lejanos que nunca los habéis visto. Cuando Estados Unidos entró en guerra el 8 de diciembre de 1941, el único voto en contra lo emitió Jeanette Rankin (Partido Republicano), de Montana (había hecho lo mismo en la Primera Guerra Mundial). Quizá fuera una mujer cansada de esperar.

El quilt más novedoso es el *Quilt de Nombres*, que representa a los norteamericanos que han muerto en plena juventud a causa de una enfermedad incurable. Posee una belleza ecléctica (piensa que Norteamérica es el gran crisol y que no existen dos muertos iguales) y hace patente un derroche que resulta estremecedor. Cubre treinta y dos hectáreas y media y lleva nueve mil nombres. Dilo despacio: nueve mil. En Estados Unidos son innumerables las poblaciones de pocos miles de habitantes. En Grasse no llegan a cuatro mil. Un agricultor que posea tres mil seiscientas hectáreas de algodón o trigo o fresones o limones sí que puede ganarse fácilmente la vida. El quilt pesa toneladas. Sin duda, el tejido, el hilo y el appliqué no pesan nada por separado, pero combinados en un conjunto de nueve mil parches forman una carga muy pesada. Capaz de aplastar. Empezó siendo una superficie de noventa centímetros por ciento ochenta. Asómbrate y condena lo mucho que ha aumentado en peso y extensión; insiste en que no deberían haberlo dejado pasar de los trece kilos. Expresa tu indignación por el hecho de que haya alcanzado los cuarenta. Siente pesadumbre porque sólo comprenda el 20 por ciento de los muertos y ni siquiera empiece a reflejar el número de los afligidos. Eso de esperar es como una dolencia. Sin embargo, tal vez estos pensamientos sean demasiado tristes para enfrascarse en ellos si eres una principiante.

Considera estos datos:

Un quilt confeccionado bajo la dirección de una mujer norteña llamada Cornelia Dow, cuyo marido servía en el Ejército del Norte, llevaba esta inscripción: «Mientras nuestros dedos manejan la aguja, nuestros pensamientos vagan por el campo (de batalla)».

Con respecto a una de las muchas ferias benéficas celebradas para recaudar fondos para los gastos bélicos, Abraham Lincoln comentó: «Nunca he estudiado el arte de dirigir cumplidos a las mujeres; pero debo decir que si todas las alabanzas que, desde que el mundo es mundo, los poetas y oradores han dedicado al sexo femenino fueran aplicadas a las mujeres americanas, no constituirían un elogio suficiente para la conducta que ellas han mantenido durante esta guerra... Dios bendiga a las mujeres de América».

A finales de diciembre de 1862, Louisa S. McCord escribió a Mary Chesnut –cuyo marido ocupaba un puesto destacado en el gobierno confederado y asistía a las cenas del propio Jeff Davis– refiriéndose a su propio hijo, que había muerto luchando en las filas del ejército confederado: «No puedo escribir mucho, pero sólo deseo agradecerle a usted y al coronel Chesnut sus esfuerzos por ayudar a mi querido hijo. Ahora que todo ha acabado, tal vez sea justo que el país no sepa nunca todo lo que ha perdido con la muerte de mi espléndido muchacho». Ya sabes que ambas partes, la que está en lo cierto y la que está equivocada, pueden llorar sus pérdidas en la guerra. Y no te cabe duda de que la señora McCord consagró mucho tiempo a esperar a su hijo. Procuró atarearse mientras esperaba noticias suyas.

Ciertos quilts consignan y veneran las batallas de un esposo, amante, padre o hijo. A través del tiempo, una batalla tras otra queda registrada para la posteridad. Porque resulta inmoral olvidar. Estas cosas no se glorifican, sólo se consignan. Se tatúan sobre el corazón; se graban al fuego en la historia familiar. Es una manera de recomponer la vida de tu hijo; un homenaje; un intento de ponerlo todo en orden; y a pesar de que algún día desearás que esta congoja te abandone, nunca lo hará.

Al aire libre

Corrina Amurri y Hy Dodd llevan juntas muchos años. Dieron a luz a sus hijos, Laury y Will, con pocos meses de diferencia. Cada una dio en honor de la otra una fiesta para celebrar el nacimiento; en los días laborables tomaban juntas el café de media mañana; se invitaban mutuamente a comer en sus respectivas casas y convirtieron el cuidado de los niños en una tarea recíproca. Ambas cosían juntas con el grupo que se reunía en casa de Glady Joe.

De pequeñitos, Laury y Will no se tenían mucho cariño, pero la amistad que existía entre sus padres respectivos los fue uniendo, de modo que a veces se llamaban en broma «hermanos». Los dos chicos tenían hermanos menores, no obstante compartían ese sentimiento fraterno que brota del hecho de ser el primogénito, algo que puede ser a la vez una ventaja y una maldición debido a la abrumadora atención que los adultos prestan a los detalles de su vida y su desarrollo, a las expectativas demasiado elevadas, a la circunstancia de constituir un puente entre los adultos (los padres) y los niños (los hermanos), de tener un pie en ambas edades y de esa sensación de vacío y soledad que produce el no pertenecer a ninguna. A veces el hijo mayor es el más aislado. Tanto los padres como los niños lo reconocen, y eso hace que las tragedias del primogénito sean un poco más placenteras y más intensas que las experiencias similares de los demás hermanos.

El primogénito siempre se siente inseguro. Esta inseguridad proviene de tener que explorar el territorio arrastrando tras de sí a los padres y desbrozando el camino para los pequeños.

Cuando una prepara tortitas, siempre hace una de prueba: la que vierte sobre la plancha ardiente y descarta porque no ha salido bien. Alguien dijo en una ocasión que el hijo mayor era como una tortita de prueba y que debía ser desechado. Fue Hy quien lo dijo.

Son niños introvertidos, que encierran bajo llave un carácter rebelde o ingobernable, y aunque lo muestran de vez en cuando ante sus hermanos y hermanas, se lo ocultan a las personas mayores. Entierran su inseguridad y sus necesidades; o bien logran con creces lo que se espera de ellos o bien desaparecen; a menudo albergan cierto temor. «En realidad, son tan frágiles –dijo Corrina– a pesar de que fanfarronean y actúan como si lo único de que se preocuparan fuera de sí mismos.»

Will y Laury eran esencialmente distintos, pero compartían esa comprensión propia del primogénito.

Will Dodd quería ser artista como Dean, el marido de Em, que le enseñaba a pintar en la academia. Will amaba a su familia (sufría el conflicto del primogénito, dividido entre la obligación y la rebelión), pero anhelaba perder de vista Grasse, esa población que a su juicio era intolerante con la excentricidad y con lo que hacía que una persona se diferenciara de las demás. Consideraba que Grasse era una comunidad mezquina, cruel y fisgona, que se precipitaba a juzgar y a condenar el ostracismo.

Laury, en cambio, amaba ese pueblo y a su propia familia. Le gustaba la niebla invernal impalpable como un tul, las nevadas ocasionales que cubrían la tierra de polvo blanco y los ardientes veranos. En ningún lugar se sentía tan auténticamente él mismo como en Grasse. Para él, la comunidad era protectora y comprensiva, gente que se cuidaba mutuamente y se ayudaba en las dificultades. Las personas mayores trataban a todos los niños como si fueran propios y cada desgracia era compartida por todas las familias.

A Laury le hacían gracia los habitantes de Grasse: personas incapaces de llevar un proyecto a buen término o chicos ricos que no tenían que trabajar y se convertían en adultos que malgastaban su vida coleccionando mariposas (postales, sellos, ruidos de tren), escribiendo la historia de la población o construyendo monumentos tontos e inútiles sólo porque se lo podían permitir. Laury lo encontraba divertido, mientras que Willy fruncía el ceño y decía:

–Eso constituye un despilfarro indecente.

–Anímate –le decía Laury.

A Laury también le gustaba la piscina municipal en verano, le gustaba quejarse con los demás muchachos de lo aburrido que era Grasse, le gustaba realizar su trabajo de vacaciones, durante el cual se topaba con casi todos sus conocidos.

Cuando Will y Laury cumplieron dieciocho años, Will consiguió una prórroga militar para estudiar en la universidad y Laury se alistó en el ejército. Ya desde la Guerra de Secesión, el mayor contingente de voluntarios provenía siempre de la clase baja y obrera, y de varios grupos minoritarios. Así que lo sorprendente no fue el alistamiento de Laury sino la prórroga de Will.

–No puedo creer que te tragues toda esa mierda sobre el patriotismo –dijo Will.

–No me da miedo luchar por mi patria –respondió Laury.

–¿Miedo? ¿Acaso he dicho que tengo miedo? –replicó Will.

–¿No crees que es el mejor país del mundo para vivir? ¿No lucharon nuestros padres en la Segunda Guerra Mundial?

–Pero ésta no es una guerra buena, amigo –dijo Will.

Pero Laury insistió:

–No me importa defender algo que quiero. Incluso a ti.

Eso dejó mudo a Will y le hizo pensar: «Y a ti, ¿quién va a protegerte, Laury?».

Corrina y Jack, su marido, se sienten orgullosos de Laury, aunque Jack alberga hacia la guerra unos sentimientos que nunca le ha confesado a Corrina. No está del todo seguro de que esa guerra necesite la asistencia de su hijo. Ni la del hijo de nadie. Corrina le aprieta la mano a su marido y dice: «Jack, Laury debe hacer lo que crea correcto. Lo sabes tan bien como yo.» Pero Jack comienza a dar largos y solitarios paseos durante los cuales puede pensar en privado en su hijo mayor. Al caminar a solas por sus tierras, sus temores se desperdigan, como si aventara semillas por los campos.

Cuando Jack está en casa, envuelto en el calor y la intimidad del hogar, sus temores parecen hacerse más densos e intensos. Cuando hace calor, sale a dormir al aire libre.

Corrina empieza a revocar su casa. No es insólito que la gente que pasa por allí vea a Corrina en lo alto de una escalerilla vestida con una camisa vieja de Jack y un mono manchado de pintura. Cuando Hy se acerca a visitarla, se sienta sobre el césped (en ocasiones se trae una manta para tumbarse en ella a tomar el sol equipada con el sujetador del biquini y una falda) y charla alegremente con Corrina. Hablan en especial de Laury y Will.

Así que Hy dice:

–Debes de sentirte muy orgullosa de ese chico.

–Sí, claro. Pero creo que estaríamos orgullosos de él hiciera lo que hiciese –contesta Corrina.

A lo que Hy replica:

–Si con eso quieres aludir a Will, no hace falta que trates de animarme. Está allá lejos, en esa universidad y no tenemos ni idea de en qué demonios anda metido. Casi nunca nos llama.

Corrina dice algo así:

–El próximo jueves Joe va a participar en un debate, ¿te gustaría acompañarnos?

Hy responde que sí, le encantaría, pero, ¿no echa Joe mucho de menos a su hermano mayor?

–Mucho –responde Corrina.

Sólo ha mencionado a Joe para cambiar el tema de conversación, porque no quiere decirle a Hy que Will de vez en cuando la telefonea a casa durante el día. Una vez llamó muy tarde, por la noche, y parecía borracho, de modo que hubo suerte de que fuera Corrina y no Jack quien contestara al teléfono, porque ella está convencida de que su marido le habría echado un sermón y luego se lo habría contado a los Dodd. Corrina alberga la justificada certeza de que Will no quiere que sus padres sepan que la llama por teléfono, y Corrina por su parte no siente el menor deseo de decírselo a ellos. Cree que Will sabe con toda certeza que ella no lo hará.

Cuando Corrina termina de pintar el exterior de la casa, empieza a hacer proyectos para cambiar el linóleo del suelo de la cocina. «Pero si el antiguo está muy bien», objeta Jack.

Corrina toma medidas valiéndose del procedimiento de poner un pie delante del otro, y al pasar junto a Jack se limita a palmearle la mejilla. Pero cuando va a retirar la mano, él se la coge al vuelo y la acerca a su propia cara. Se la pone junto a la boca y, por un instante, Corrina teme que se eche a llorar. Pero Jack no lo hace. Sólo cierra con fuerza los párpados.

Cada noche, Corrina, Jack y Joe ven el telediario con una especie de horrorizada fascinación. Siempre es durante la cena y cada uno de ellos piensa que resulta asombroso que se hayan acostumbrado a comer y a mirar al mismo tiempo. Cada noche se convencen de que Laury no figura en la lista de bajas que alimentará las estadísticas; que su hijo, su niño, sigue vivo en un país lejano.

Algunas noches Corrina siente el impulso de ir a reunirse con Jack, que está durmiendo fuera, pero se resiste a abandonar su casa. Intuye que sólo podrá controlar su preocupación por Laury si mantiene intacto su hogar. Pero una noche sale y se acerca a la tumbona donde está acostado Jack. Se envuelve en una manta y se acurruca junto a él.

–Vuelve adentro, cariño –dice Corrina.

–Dentro de un momento –contesta Jack.

–Créeme, Laury está bien.

–Lo echo de menos, Cor. Estoy asustado –dice él.

–Ven adentro –insiste ella tironeándole del jersey como para conducirlo hacia el interior de la casa.

Corrina sostiene el auricular con la barbilla mientras mide las nuevas cortinas sin dejar de hablar con Will.

–Dime otra vez por qué no estás ahora en la universidad. Por el amor de Dios, Will, es pleno día y seguro que tienes clase.

–Hay una manifestación de protesta. Por los planes de estudio, ya sabes.

–Ah, sí, han sitiado el edificio de la Administración, ¿no? –Sus palabras suenan confusas porque sostiene entre los dientes un jaboncillo.

–Sí –dice Will–, algo por el estilo.

–¿Por qué no estás con ellos? –pregunta Corrina.

–No sé... no va conmigo..., quiero decir, tienen razón, pero esas cosas no van con mi modo de ser. –Will tapa el micrófono con la mano y Corrina le oye decir–: Enseguida, chico.

–¿Tienes que irte? –Corrina está deseando que acabe la conversación. No ve el momento de dedicarse a sus cortinajes.

–No –afirma Will, y después se desdice–: Sí, he de dejarte, pero te llamaré pronto, ¿eh?

–Adiós, Will.

–Hasta luego.

Corrina encuentra raro que Will la llame. No es que hablen nunca de nada importante o que intercambien secretos o, bueno, que se digan algo especial. Pero cada vez tiene la corazonada de que por fin el chico va a ir al grano, que va a revelarle la verdadera razón de sus llamadas; como si todas esas llamadas intrascendentes fueran a desembocar en la Auténtica Llamada. Si no estuviera tan ocupada con esas cortinas, se sentaría y le escribiría una carta.

Joe está echado en el suelo junto a Jack, que está estirado en su tumbona habitual, pero sin manta ni nada para cubrirse; señal alentadora de que esta noche no dormirá a la intemperie. Jack está pensando que Corrina y él le dedican muy poco tiempo a Joe, a quien, con quince años y a pesar de tener su propia vida, todavía no está del todo formado. Jack ve confirmada esa sospecha al percibir la expresión emocionada del rostro de Joe cuando le anuncia que Corrina y él asistirán al debate.

Aunque últimamente Corrina está tan atareada... Se ha puesto a tapizar de nuevo el sofá, a embaldosar y encalar el cuarto de baño del primer piso, y Jack cree haberla oído decir a Joe algo sobre empapelar su habitación, a lo que él replicó:

–Mamá, todo está como a mí me gusta.

–Pero nada se conserva igual, cielo –respondió Corrina.

A Jack le gustaría tener tantas ganas de trabajar como su mujer; en cambio, se siente aletargado, soñoliento, como si ya no poseyera la energía que su vida requiere. Sospecha que está envejeciendo.

Pobre Joe. Plantado entre una madre consagrada en cuerpo y alma al hogar y un padre que se ahoga con sólo pensar en encerrarse en casa.

A la sazón pareció un error no casarse con Jack antes de que él se fuera a combatir en Europa. Corrina se empleó de guardagujas en el ferrocarril de Kern County, a pesar de que eso representaba pasarse largas horas sin ver nada más que la mano que agitaba el maquinista mientras hacía maniobras para cambiar de vía. Corrina se vestía con las camisas viejas de Jack cuando iba al trabajo, las mismas que se ponía para limpiar la casa o leer el periódico, con esos artículos acerca de la contribución de los civiles al esfuerzo bélico y acerca de lo mucho que las amas de casa podían hacer en favor de nuestros muchachos. Dos de sus amigas ya se habían trasladado a Long Beach, donde trabajaban en una línea de montaje. La paga era «muy buena, mucho mejor que la que se consigue en Grasse», y la apremiaban a que fuera a reunirse con ellas.

No. Tenía que esperar a Jack. Él la había dejado en Grasse y ella quería que supiera que continuaba exactamente en el mismo sitio. No podía trastornar su propia vida cuando la de Jack era tan caótica e insegura. ¿Cómo se sentiría él si recibiera una carta de ella con un remite de Los Ángeles, un lugar que no era donde los padres de Corrina tenían su hogar? Claro que si ella le decía que era en pro del esfuerzo bélico, Jack lo comprendería; pero Corrina era supersticiosa y se había inventado una teoría según la cual si su vida permanecía inalterada en ausencia de Jack, cuando terminase la guerra él podría integrarse en ella como si nunca se hubieran separado.

Después Laury se convirtió en un Desaparecido En Combate.

Jack le hizo a Corrina una confesión muy desagradable.

–Cor, sé que Dios me perdonará por decir esto, pero espero que nuestro hijo no acabe nunca cautivo del enemigo.

–No has querido decir esto –dijo Corrina. ¿Cómo podía decirlo, sabiendo que Laury había desaparecido? Jack no era ducho en esperar. Desconocía el arte tranquilo de la paciencia; en eso era un novato–. Si lo hacen prisionero, conseguiremos que vuelva.

–No, es preferible que lo maten a uno. Nadie sobrevive al cautiverio, ni siquiera los civiles. Puede que físicamente, sí, pero en lo más íntimo... No quiero tener a Laury de regreso pero mentalmente ido.

Jack había llegado a esa conclusión durante sus caminatas, cuando su temor era difuso y resultaba manejable. «Al fin y al cabo –razonaba Jack–, apenas puedo soportar estar metido en casa; ¿cómo logrará Laury sobrevivir a la experiencia de estar encerrado en un campo de prisioneros?»

De modo que Corrina se pasaba los días y uno de cada tres fines de semana (noches incluidas) en la cabina del guardagujas. Le permitían escuchar la radio y escribir cartas. Ahorraba dinero para el viaje a París que algún día realizarían Jack y ella. En su carta, él le decía: «París es increíble, maravilloso, el no va más. A pesar de todo lo que ha padecido. Me hace pensar en ti. –Y a continuación–: Quiero que veas la Torre Eiffel. Parece hecha de encaje de hierro, aún por terminar, taladrando el cielo. Es como la estructura de lo que algún día pretende llegar a ser. Quiero estar contigo en su punto más alto».

Jack le envió unos pendientes de plata y marfil que parecían muy antiguos, como si hubieran pasado de generación en generación. Y también un monedero de piel de imitación.

Le hablaba de los «tipos fabulosos» con quienes se tropezaba (Corrina lee esto durante su tarea solitaria) y que provenían de todos los rincones de Estados Unidos. Conoció incluso a un par de expatriados que le dijeron que no podían evitar percibir a países como España, Francia y Alemania de un modo distinto y desconcertante. Esos expatriados sentían también algo diferente con respecto a Norteamérica, aunque Jack no estaba seguro de lo que querían decir con eso. Le escribió a Corrina que el pan no se parecía a ningún pan que él hubiera probado; era denso, crujiente, sabroso. El vino tenía cierta semejanza con el de California, aunque a él le costaría precisar en qué detalle se diferenciaban. «Dicen que tengo el paladar demasiado americano.»

Lo que no le contó a Corrina en sus cartas fue lo que vio cuando su regimiento liberó uno de los campos de concentración. Estuvo deambulando como ofuscado, como si avistara por la ventana otro universo bastante similar a la Tierra, aunque no del todo. Las personas que veía no parecían pertenecer a su especie, pues su cualidad humana se había transformado debido a sus sufrimientos y su escualidez, y le hacían sentirse forastero y avergonzado de presentarse ante ellas con ese aspecto tan saludable. No lograba identificar ese olor que impregnaba los alrededores del campo.

Jack vomitó detrás de un barracón. Le asaltó toda una gama de emociones: quería escapar de aquel sitio, buscarse una mujer, hacerle el amor, abrazarla y protegerla. Quería atiborrarse de comida o defecar o dormir durante veinticuatro horas o correr hasta sentirse exhausto. Al presenciar el estado de carencia que reinaba allí, se sentía impelido a cualquier exceso.

Mientras se restregaba con la manga la boca, la nariz y los ojos para borrar todo rastro de vómito, se preguntó: «¿Será esto la ausencia de Dios?». No podía creer que Dios no existiera –incluso con aquel panorama ante su vista–, sino que más bien Él había decidido, por alguna razón inexplicable, ocultarse durante un tiempo. «Si alguien me describiera lo que estoy viendo, no me lo creería», porque se negaba a creer que Dios fuera capaz de contemplar aquello sin hacer nada; no podía aceptarlo.

De nuevo le acometió el deseo de acariciar a una mujer, de hincarse dentro de ella hasta sepultarse por entero en su vientre a fin de nacer otra vez inocente y puro, sin haber sido testigo de todo aquello.

Corrina no rezó por Laury. Había rezado antes, cuando Jack estuvo en ultramar. Había agotado toda la reserva de paciencia mientras Jack se hallaba en Europa; no quedaba ni un ápice para Laury, que continuaba sin dar señales de vida. No podía rezar porque lo que quería era agitar el puño hacia Dios, ante la injusticia de hacerle sufrir el tormento de esperar a un soldado, y no una vez en la vida sino dos. Deseaba gritar: «¿Cuánto se supone que debo soportar?». Y como interpelaba a Dios, no podía pedirle su bendición. Quizá fuera ésta la maldición de Eva.

No obstante, acudía a la iglesia los domingos con Jack y Joe; pero pasaba el rato en silencio, con la cabeza gacha, acusando a Dios y negociando con Él en lugar de orar.

También Jack se daba cuenta de que él mismo sentía hacia la guerra pocas simpatías, pero no lo demostraba ante sus conciudadanos de Grasse, que periódicamente le preguntaban por Laury. No lo habrían comprendido y se habrían puesto a discutir, y Jack no podía discutir sobre algo que mantenía a su hijo expuesto a tales peligros.

Hubiera preferido no ir a la iglesia con Corrina y Joe, aunque tampoco lo mencionaba. Después de su experiencia en la guerra, su fe en Dios se había tambaleado, pero Jack no había conseguido llegar a ninguna conclusión. Comprendía que la fe exige incertidumbre, valentía y renovación, pero la imagen de aquellos prisioneros le resultaba un testimonio de negligencia tan enorme que no se lo podía explicar. Y mientras su hijo estaba quizá cautivo en algún sitio, le era imposible dejar de ver aquellas escenas de un modo muy vívido, y cada uno de los internos tenía la cara de Laury.

Cuando James y Hy Dodd les abren la puerta de su casa a Corrina y Jack Amurri, les tienden ambas manos como para arrastrarlos adentro, como si en el caso de que gozaran de sus propias prerrogativas fueran a mostrarse remisos a entrar. Corrina cruza el umbral delante de Jack, que la sigue acompañado del aire fresco que impregna su abrigo. Corrina y Jack se quedan siempre un poco separados, como si tuvieran cuidado en dejar un espacio por si acaso su niño volviera para ocuparlo y así unirlos de nuevo a los dos.

Después de intercambiar las amenidades de rigor, Hy dice:

–Queremos que sepáis que no dejamos de pensar en Laury. Debéis de admirarle mucho.

–No como a mí –interviene Will, que aparece por detrás de su padre y da a Corrina un beso rápido en la mejilla; luego esquiva la mano que ésta iba a posar en su delgado brazo.

–Está un poco trastornado –anuncia confidencialmente Hy mientras Will sale de la habitación.

Y James añade:

–No sabemos qué demonios hace en esa universidad donde se dedica al arte. ¿Cómo puede uno especializarse en arte? ¿De qué sirve ir a la universidad si lo que quieres es estudiar arte?

Para Corrina resulta evidente que Hy y James están perplejos, incómodos y disgustados porque Will haya obtenido una prórroga militar para ir a la universidad y la utilice para estudiar algo tan poco consistente. Ni siquiera pueden decir: «Bueno, es que va a ser médico o ingeniero o arquitecto». No, se libra de la guerra para zambullirse en el arte.

–Nos tememos –continúa Hy bajando la voz– que anda consumiendo droga.

–Vamos, Hy, eso no lo sabemos –interviene James con brusquedad.

–Claro –dice Hy acariciando con aire ausente el brazo de su marido–. Tienes razón.

Pero también Corrina ha pensado lo mismo. Hoy en día todo el mundo habla de eso y Will está matriculado en la Universidad Estatal de San Francisco, con todos esos estudiantes que organizan manifestaciones de protesta («No va conmigo», le había subrayado él durante una de sus conversaciones telefónicas), practican el amor libre y hacen todo lo que les apetece cuando les apetece, y ninguno de ellos conoce siquiera el nombre del hijo de Corrina.

Oye que James dice con embarazo:

–Corrina, Jack..., escuchad, acerca de Laury, hemos oído que...

–Quieren deciros que ojalá yo fuera la mitad de hombre que Laury –grita Will desde la otra habitación.

–¡Will...! –salta su padre con violencia, pero Hy sacude la cabeza y él se interrumpe. Se interrumpe y nada más.

Se le ocurre a Corrina que lo que está presenciando es la manifestación de la repulsa que a Hy y a James les merece su hijo, mezclada con el alivio de saber que aunque quizá se esté convirtiendo en un extraño ingobernable y más bien golfo, por lo menos está aquí. Está en su patria y no en algún país extranjero luchando por unas gentes que ni tan sólo hablan inglés. Pero tal vez eso ni les pasa por las mientes; tal vez únicamente se le ocurre a ella. Se esfuerza por ser justa y se pregunta qué es peor: un hijo como Will, que vuelve a casa de mala gana y trata a sus padres con no disimulado desprecio (y acaso consuma drogas), o un hijo como Laury, que cumple con su deber en unas tierras lejanas de nombres tan raros que ella no sabría pronunciarlos de no ser porque los oye a diario por la televisión.

Corrina conoce la respuesta: Es mejor tenerlo en el propio país. Es mejor tenerlo cerca.

Will tiene un aspecto repelente; lleva el pelo sucio y descuidado, y tan largo que le cae sobre el cuello de la camisa. Incluso su hermana menor, Gina, procura apartarse de él. Gina está en esa edad malhumorada y silenciosa de los quince años y da la impresión de tolerar a duras penas a todas esas personas mayores y a su horrible hermano. Gina no soporta la parafernalia hippie, sino que parece una jovencita de la buena sociedad, de esas que se pasan horas estudiando revistas para adolescentes (TRUCOS DE BELLEZA PARA DEJARLO BOQUIABIERTO). Emitiendo un suspiro, se inserta las lisas guedejas detrás de la oreja mientras picotea la comida con el tenedor. Will le susurra algo al oído y ella le contesta con un: «¡Oh, cállate la boca!».

Hy les está contando que hay un par de chicas estudiantes que no paran de llamar a Will por teléfono.

–¡Imaginaos! –dice Hy–. A su edad ¿quién de nosotras se hubiera atrevido a telefonear a algún chico?

–A su edad ya estábamos como quien dice casadas –observa Corrina, provocando un bufido burlón por parte de Will.

Corrina se pregunta cómo será la chica con quien Will le ha dicho que sale. Cuando él dejó de mencionar su nombre, Corrina inquirió qué pasaba; ahora recuerda con qué voz tan apenada el muchacho le contestó: «Mira, nadie es dueño de nadie. Es libre para hacer lo que le dé la gana».

Los tejanos de Will están desgastados y descoloridos, remendados con apliques de flores, signos de la paz y puños levantados con ira. A pesar de su aparente negligencia, Will no pierde detalle de lo que sucede a su alrededor. A la hora de la cena, mientras intercambian banalidades, Corrina va mirando alternativamente a Hy y a James, y cuando al pasar la vista del uno al otro la fija un instante en Will, se percata de que él la contempla sin recato.

Corrina percibe con claridad que el chico comprende lo inútil de esta conversación cortés y lo mucho que a ella le cuesta retener lo que de hecho anhela decir, que es que Will está aquí mientras que Laury está allá, y que al parecer en el mundo no hay amor porque años atrás ella estuvo esperando a Jack como amante y ahora se ve obligada a esperar a Laury como madre. Quiere decir que en la cabina del guardagujas pasó horas interminables llenas de desesperación, tan a punto de estallar de inquietud que se asustaba de sí misma; y que ahora lo único que puede hacer es desmontar su casa y restaurarla, con furia y con esperanza.

–Estuve esperando a Jack –suelta Corrina mientras toman el postre.

–Sí –dice Hy, confundida, sosteniendo la taza de café a medio camino entre la mesa y sus labios.

–Durante la guerra –prosigue Corrina– esperé. Fui una buena chica. Nadie me oyó llorar, porque no lloré, tuve mucha paciencia.

–Todos la tuvimos –responde Hy.

–Pero sabéis –añade Corrina–, cada minuto de aquella espera me resultó odioso.

Corrina se disculpa, dando a entender que va al cuarto de baño, pero en lugar de eso se dirige al jardín. Al atravesar la cocina descubre los vasos de cóctel vacíos que Hy ha dejado junto al fregadero. Coge uno que todavía contiene algo de bebida, varios cubitos de hielo a medio fundir y un trozo flotante de corteza de limón; aspira el penetrante olor a ginebra que desprende y se encamina afuera.

El vaso está frío y empañado a causa del hielo. Bebe un largo sorbo, arrugando la nariz al notar el sabor diluido de la mezcla de ginebra, tónica y hielo. El aroma dulzón de un porro de marihuana le llega a través del aire; se vuelve y ve a Will que baja la mano con la palma ahuecada y la ladea como para ocultarle algo. Corrina se deja caer sobre los almohadones de una de las sillas de secoya que componen el mobiliario de jardín y toma otro trago.

–A mí no me importa. De veras. –Reclina la cabeza en el respaldo mientras Will, más tranquilo, da sin disimulo una calada al canuto liado a mano–. Ya sé que es ilegal –añade Corrina–, pero hay cosas legales que son mucho peores.

–Sí, es cierto –dice Will instalándose en una silla junto a ella.

–La llamada a filas, por ejemplo, es legal. Pero no es una cosa buena. ¿Estás de acuerdo en que no es una cosa buena? –Ha posado la mano sobre el vaso y lo sostiene con la punta de los dedos, separados como las patas de una araña–. Claro que lo estás –afirma con un cabeceo–. Al fin y al cabo (y no pretendo ofenderte), no estás allá, ¿verdad?

–No, Corrina, no lo estoy. Tu afirmación es ciento por ciento correcta. –Saca unas pinzas e intenta atrapar el final del canuto–. ¡Mierda! –exclama cuando éste se apaga. Luego hurga en el bolsillo en busca de cerillas.

–Quisiera ayudarte, pero no llevo encima encendedor ni cerillas –dice Corrina abriendo los brazos como para demostrar la veracidad de su aserto–. Ah, qué cómoda estoy. ¿Has dormido alguna vez aquí, al aire libre?

Will está de pie, rebuscando en los bolsillos traseros del pantalón.

–No –responde–. Nunca.

–¿Ni siquiera en pleno verano?

Will se acerca a la parrilla de la barbacoa, abre una caja pintada en tonos vivos y saca una larga cerilla de madera que tiene la cabeza de color turquesa.

–Nunca –repite.

–¿Y tus padres?

–¿Qué? –pregunta Will alzando los ojos y mirando hacia la casa, con una expresión medio asustada, medio retadora.

–Que si duermen alguna vez tus padres aquí fuera. –Corrina apoya el brazo en el ancho brazo de la tumbona, ladeándose un poco para ver cómo Will trata de prender el extremo del cigarrillo de marihuana con una cerilla ridículamente larga.

–¡Mierda! –repite apartando la cara con rapidez, como si se hubiera quemado. Abre de nuevo la caja estrecha y alta y saca otra cerilla, ésta con la cabeza de color rojo–. ¿Cómo? ¿Mis padres? No, nunca. Al menos que yo sepa.

–Ah, entonces, sólo es Jack –susurra Corrina, impulsando a Will a levantar la mirada.

–¿Qué has dicho, Corrina?

–Supongo que ellos no lo necesitan. –Luego prosigue en voz más alta–. ¿Cuándo dejaste de llamarme tía Corrina?

Por fin Will ha prendido el porro y aspira profundamente el humo mientras vuelve a sentarse junto a ella. Le tiende el cigarrillo, pero ella sacude la cabeza y hace girar el líquido en el vaso con un movimiento circular de la mano.

–No lo sé –dice él–. Me imagino que fue cuando dejé de ser un niño.

–Pero si acabas de cumplir los veinte. Eres un crío.

–Quizá fue cuando descubrí que eres la única persona mayor que hoy en día no me resulta del todo insoportable. –Se detiene–. Mira, sí que dormí un par de veces aquí. Con Laury. Solíamos llamarlo «camping-tortura», porque o hacía demasiado frío o demasiada humedad, o había demasiados bichos o era demasiado aburrido. Camping-tortura. –Se moja los dedos con saliva y apaga el resto del porro–. Lo había olvidado.

Corrina mira a lo lejos y vierte al suelo lo que queda de la bebida, mojando el cemento del patio.

–Laury –susurra.

–Le escribo cartas –le espeta de repente Will–. Le cuento lo que hago. Le cuento que charlo contigo. Le digo que se largue de allí. Pero nunca se las mando; en lugar de eso te llamo por teléfono. Hablo contigo. Sabes, Corrina, yo no apruebo la guerra. Mis padres no entienden... que simplemente no la apruebo.

–Tampoco yo apruebo la guerra –reconoce Corrina.

–Pero hay algo más –añade Will haciendo una profunda inspiración–. Nunca menciono el nombre de Laury. Y no se trata de que él podría ser yo y yo podría ser él. Antes de que se fuera nos peleamos varias veces. Tan entusiasta del honor; no como yo, el malo de Will, cuyos padres están deseando que se marche lejos y se quede allí. Incluso Gina me da la espalda. Soy la deshonra de la familia.

»Sea como fuere, quiero decirte que si no hablo de él es porque me siento... no sé... un poco perdido sin él. Me falta algo. Como si necesitara que me diera el visto bueno. Ah, mi mitad honorable. De modo que no puedo hablar de él ni tampoco puedo preocuparme por él. Mierda, lo único que puedo hacer es echarle de menos. Y enfadarme con él.

–A mí me pasa lo mismo –dice Corrina–. Yo también lo echo de menos.

Jack sale de la casa en busca de Corrina, que está ya de pie y se dispone a entrar de nuevo, aunque desea quedarse en el fresco patio «un ratito más. Sé que me encontraré mejor», sin embargo sonríe ampliamente cuando divisa a Jack, que le pregunta:

–¿Te sientes bien? –Y después se vuelve con enfado hacia Will y le suelta–: Apestas. Eres una calamidad.

Will se echa a reír.

–Desde luego que lo soy. Precisamente le estaba diciendo a Corrina que mi presencia aquí resulta molesta.

Jack rodea a su esposa con un brazo, como para protegerla de la mala influencia de Will. Pero Corrina se resiste a entrar en la casa.

–Cariño –le dice a Jack–. No puedo entrar ahí, de veras. Ahí dentro, no. Ya sabes a qué me refiero. Salgamos por la puerta del jardín y vámonos a casa.

–Pero tenemos que despedirnos –le recuerda Jack con dulzura.

–Oh, no, no. Ya lo comprenderán. Vamos.

–¿Y qué hacemos con el coche? –pregunta Jack.

Corrina reflexiona y luego dice con alacridad:

–Will. Podemos confiar en Will. Tú nos lo llevarás a casa ¿verdad? –Y al notar que Jack se pone tenso, le notifica–: Más vale que lo aceptes, Jack, porque esta noche no pienso meterme en ningún coche. Lo digo en serio.

Jack vacila un momento, percibe la mueca irónica de Will y añade:

–Cariño, volveré mañana a por el coche.

–Eso estaría muy bien –dice Corrina–. Ahora debemos irnos a casa. –Besa a Will en la mejilla–. Adiós.

Will le retiene la mano un poco más de lo correcto y cuando ella se vuelve para marcharse le da unos golpecitos en la espalda.

–No tengo un gran concepto de ti – le suelta Jack.

–Ya, ya. No es ningún secreto –contesta Will asintiendo con la cabeza.

Pero ocurrió que a Laury lo mataron, no lo hicieron prisionero. Y años más tarde, cuando todos aquellos chicos regresaron derrotados, Jack y Corrina hicieron el largo viaje hasta Pendleton, donde se agarraron con fuerza a los eslabones de metal de la verja, sin atreverse a soltarlos.

INSTRUCCIONES Nº 6

En la República Sudafricana existe un ser mítico llamado *Sikhamba-nge-nyanga*, que traducido significa «La que camina a la luz de la luna». Esto es lo que dicen de ella: «Es un privilegio masculino». Pero si el hombre viola «las costumbres que la protegen y sustentan, ella se integra de nuevo en la naturaleza». Para que sobreviva, es preciso dejarla andar libremente, segura y tranquila.

Una leyenda de Guayana cuenta de los esclavos negros que lo único que puede librarles de las garras del massa[1] «es percibir en sus vidas la claridad aportada por la luna. La oscuridad siempre estará ahí, pero pueden utilizar la luz de la luna a guisa de esperanza». La luz de la luna. La vaquera que baila con la media agujereada.

Uno puede sobrevivir sin ser liberado, pero no puede vivir sin libertad. Sabes que es fundamental encontrar la propia libertad.

He aquí algunas de las cosas que sabes:

Que los ingleses adoptaron la esclavitud copiándola de los españoles. La encontraron muy útil cuando los ingleses de raza blanca ya no se sentían atraídos por el

1. Nombre que daban los esclavos y sirvientes negros a sus amos, y que es una deformación de la palabra «master». *(N. de la T.)*

Nuevo Mundo. Algunos amos actuaban con una crueldad innecesaria, llegando incluso a matar sus «inversiones» (te quedas estupefacta al enterarte de que en Brasil y en los países caribeños eso se consideraba una práctica comercial muy acertada). Les extraían todo el jugo. Otros amos eran benévolos y trataban a sus esclavos con un mínimo de humanidad. Naturalmente, palabras como «humanidad» y «justicia» pierden todo su significado en un sistema laboral basado en la compra de carne humana y en la esclavitud forzosa. Parafraseando a un Famoso Escritor: «Un amo es un amo es un amo».

A las propietarias de esclavos se las denomina amas.

En el Sur anterior a la Guerra de Secesión, una esclava que supiera coser podía adquirirse por mil ochocientos dólares. Cualquier cantidad menor se consideraba una ganga..., algo de lo que pavonearse con los vecinos dueños de esclavos. Ya te formas una idea.

La mayoría de los propietarios de esclavos no vivían en una lujosa Tara y sólo tenían uno o dos esclavos. Lo que significaba que, después de trabajar en el campo todo el día, la esclava se pasaba la noche cosiendo la ropa y confeccionando los quilts de la familia. Podía juzgarse afortunada si se le permitía dedicarse exclusivamente a una tarea especializada, como la costura. Pero la palabra «afortunada» tiende a perder su significado en ese tipo de contexto.

Por tu parte, la labor de unir los retales te parece aburrida, trabajosa y pesada. Lo mismo piensas de la tarea de cortar los trozos y de coser la guata entre las partes superior e inferior. Sin embargo, te arrebata crear y diseñar la plantilla del quilt. Es como si expresaras la belleza con tus manos. Como si te dieras a conocer mediante tus dedos a través de una fantástica profusión de colores, formas, temas y sueños. Hay días en que lo tedioso que resulta ensamblar un quilt te da ganas de llorar; anhelas expresarte, gritar muy alto con sedas y retazos de viejos chales.

Sabes que durante la Gran Depresión no era raro que una señora rica contratara a una mujer pobre para que cargara con el tedioso menester de confeccionar un quilt. Y que esta misma señora rica presentara ese quilt a un concurso bajo su propio nombre; sin reconocer a su autora ni dar las gracias a nadie.

Los modelos prefabricados que venden en las tiendas no te interesan. No le ves la gracia a la labor de costura si no pones en ella todo tu corazón. Si tus ideas no quedan plasmadas en tu obra, se convierte en un mero ejercicio, algo con que llenar las largas veladas que pasas a solas. Más cosas que sabes:

Que sólo tú puedes contar la historia de tu vida.

Que la mayoría de los abolicionistas eran mujeres que luchaban al mismo tiempo por el derecho al voto. Que un número importante de abolicionistas sentían hostilidad hacia los negros por cuya libertad combatían; era la institución lo que encontraban inmoral. Así que la palabra «*libre*» pierde su significado en un contexto como éste.

Qué pocos cambios ha habido en tu vida, a pesar de la lucha por los derechos civiles. He aquí un incidente emblemático de aquella época: Myrlie Evers, la viuda de Medgar Evers, quería decirle al presidente Kennedy, en el funeral de su amadísimo esposo, que estaba destrozada; que su marido, después de haber combatido por la patria en la Segunda Guerra Mundial, se convirtió en un ciudadano de segunda al volver a casa; que se sentía furiosa por el hecho de que lo hubieran asesinado mientras trataba de conseguir los derechos constitucionales para sí mismo y para los suyos. Pero, cuando por fin Kennedy le preguntó cómo estaba, lo único que ella dijo fue: «Muy bien, gracias, señor presidente». Esto te impresiona; es algo que comprendes sin ningún esfuerzo. Es la historia de tu vida, y la historia debería ser muy simple y obvia, y no obstante te pedirán que la expliques. También te imaginas a ti misma encogiéndote de hombros o mostrando idéntica reacción ante esa pregunta. Es lo mismo que ocurre con tus quilts; te limitas a diseñarlos y a coserlos. No dices nada más que lo que has expresado con tejido y con hilo.

He aquí un glosario de algunos quilts que has diseñado:

Estrellas como diamantes: Llenan las manos de la Bella, cuando vierte sus lágrimas desleales. Piensas que las lágrimas de diamantes no tienen valor cuando se derraman falsamente. Serán un bonito adorno si las coses con el hilo plateado que sobró después de confeccionar un vestido de noche para la señora de la casa.

Trigales en invierno: No lo compongas con cuadros repetidos, sino llena el campo azul pálido con espigas delgadas y flexibles que ondean al soplo del viento frío. Utiliza tela azul de tejano, algodón, plumón y franela, de la que visten los granjeros, para representar el trigo, la tierra y el cielo. La agricultura te atrae y te repele al mismo tiempo.

Pez de color grana: Para procurarle textura, emplea lino natural teñido de un púrpura subido. Peces que nadan en un agua azul; llevas un collar antiguo hecho de granates tallados que refracta la luz del sol y te hace pensar en tu madre.

Paseo a la luz de la luna: El momento en que él te deseó. Tú no lo conocías, ni él te conocía a ti. Incluso después, no llegó a conocerte. El *batik* de algodón se presta a representar la luz de la luna que se filtra a través de los árboles. La seda azul índigo simboliza el cielo nocturno. Todos anhelamos un abrazo humano. No podemos resguardar nuestro corazón mediante la vigilancia.

La vida anterior: Un recordatorio de los antepasados. Lo que no puede contarse a quien no quiere escuchar o no demuestra curiosidad. Te sientes mejor al tener entre los dedos esos retales de historia. Usa hilaza, trozos de cortinas ajadas, metros de satén color amatista.

Hojas del bosque: Un quilt infantil para tu hija. Un tronco grueso y fornido alrededor del cual se arremolinan hojas de todos los matices del verde: musgo, oliva, esmeralda y verde oscuro casi negro. En Birmingham, Bull Connor cargó contra los manifestantes a manguerazos, y la presión del agua era tan fuerte que arrancó la corteza de un árbol e hizo rodar a una niñita por la calzada de la calle Mayor. Eso no le pasará a tu hija; a Marianna, no. Las hojas son en appliqué.

Estrella rota: Un diseño tradicional consistente en parches de tela estampada sobre un fondo de color melocotón. Querías estudiar las estrellas. Te hacían sentirte completa. La plantilla está compuesta de minúsculas medias lunas.

Luna azul: La que no se ve con frecuencia y resulta esperanzadora. Aparece cuando hay una segunda luna llena en un mismo mes. Más azul índigo. En el cielo, un abanico español, bordado en appliqué. Y estelas doradas y escarlatas, como si una bailarina lo hubiera lanzado a lo alto.

Amistad a través del tiempo y la distancia: Muchos colores, algodón teñido, retales de terciopelo azul real, un corazón de muselina roja. Comprende que la amistad proviene de las fuentes menos previsibles y florece en los lugares más impensables. Comprende que una persona puede conocerte muy bien aunque no le hayas hablado de ti misma. El fondo es de tejido blanco y ámbar algo descolorido.

Profusión de zapatos: También para tu hija. Sarah Grimké dijo: «Ojalá las puntas de nuestras agujas puncen el corazón de los propietarios de esclavos». Y un acerico de patchwork con forma de zapato llevaba escrito: «No pisoteéis a los oprimidos». A tu hija no la pisoteará nadie. Tu hija viajará muy lejos.

Abundancia de corazones: Raso carmesí pálido; de alas y trigales que relucen dorados sobre toda la labor. Es un momento de amor que has confeccionado para Pauline, Marianna, Glady Joe. Seda de bordar importada de China; trabajaste sola en este quilt, de principio a fin. El tedio junto a la inspiración. No tuviste la sensación de estar trabajando.

Cuando te lanzas a proyectar un quilt, debes decidirte entre los diseños tradicionales americanos que emplean telas estampadas y el estilo Amish o el hawaiano, que consisten en bloques de tejido liso, acoplados en appliqué de modo que contrasten los colores. Desde un punto de vista filosófico, te atrae el estilo hawaiano, porque esa gente cree que trae mala suerte apropiarse de un diseño ajeno, contar una historia ajena. Las mujeres hawaianas aprendieron a hacer patchwork gracias a los misioneros, cristianos y de raza blanca. Antes de la llegada de los misioneros, las hawaianas se hacían las ropas a su manera y no dejaban material sobrante. Nada con que poder confeccionar un quilt.

En cuanto dominaron ese arte, las hawaianas rehuyeron los grupos de costura, pues preferían la soledad y el secreto. Sabes por experiencia que el quilt que sólo es obra de tu mano, de principio a fin, resulta muy distinto a aquellos confeccionados en casa de Glady Joe. Se diferencia de ellos incluso en el largo de las puntadas.

Deberías compartir el trabajo, pero no la idea que lo inspira. Eso lo comprendes. Pero es difícil hacerlo en un círculo reducido. Das crédito al concepto hawaiano de que compartir tu diseño personal es compartir tu alma. Poner en peligro tu poder.

Comprendes asimismo la perplejidad de la mujer hawaiana ante la idea de coser dejando retales sobrantes, y entiendes también su rechazo a coser en grupo. (Otro concepto importado por los misioneros cristianos.) Comprendes esa necesidad de soledad. Y que después de confeccionar a mano una prenda no sobre ni un trozo de tela.

Te parece una buena idea el limitar ese «compartir» con otras mujeres, y confías en que ellas también lo vean como tú. No compartas.

Años atrás, una señora que viajó a Hawai se trajo dos quilts al continente, copió sus diseños y los presentó con su nombre a un concurso, que ganó.

Te da lástima la ganadora del concurso, porque «cogió prestada» la historia de otra mujer y la confeccionó como si fuera propia. Te da lástima porque la premiaron unos jueces que no se dieron cuenta de que aquellos quilts no eran en realidad de ella. ¡Qué pérdida de poder supuso eso para la mujer hawaiana! Pero la pérdida de su historia a manos de otra mujer incrementó, a su vez, el poder social, ya estimable, de esa segunda mujer, a través del robo de aquellos diseños. Incrementó su propio poder. A tus espaldas. A expensas tuyas. Te indigna profundamente.

Lágrimas como estrellas de diamantes

Conocer mi vida, reflexiona Anna Neale, es comprender que estoy como sobreimpuesta al mundo, que no soy más que una sombra, una lámina transparente aplicada encima de una escena mucho más vibrante. Debajo de mi imagen hay mujeres con sus familias, niños, maridos, casas, diplomas universitarios; todo de un solo color. Me encuentro colocada sobre ellos al igual que esa hoja que el arquitecto superpone al plano para ilustrar la futura construcción, y que puede quitar con la misma presteza dejando la estructura escueta y libre de detalles.

Me negué, ya de muy niña, a ser un espectro en mi propio mundo. Decidí que no permitiría que me quitaran con presteza de allí, de modo que traté de anclarme en la sociedad, de obligar a todos a que me vieran, a mí, Anna Neale, hija de una madre negra (fallecida) y de un padre blanco (en paradero desconocido y voluntariamente ausente); di a luz a una criatura, mi hija, Marianna Neale; me convertí en la fundadora y directora indiscutible del Círculo de Patchwork de Grasse (reconocido a nivel nacional por su excelente y original labor). Naturalmente, sé que fuera del ámbito del patchwork las mujeres de Grasse son unas desconocidas. Pero merced a ese grupo reducido no soy invisible; no paso inadvertida. Aprendí a expresarme con aguja e hilo mucho antes de que la sociedad me «otorgara» por fin una voz... Como si la sociedad pudiera darle voz a nadie; únicamente puede quitársela.

Anna Neale llevaba un collar antiguo hecho de granates tallados que había pertenecido a su tatarabuela. Colgaba de su delgado cuello infantil y le quedaba tan largo que a veces la irritaba, pues constituía un estorbo en los momentos más inoportunos. Se lo agarraba con ambas manos como para arrancárselo, pero Pauline le decía que no se preocupara, que cuando creciera, el collar le vendría a la medida. «Es parte de tu herencia, bonita. No quieras estropearlo.»

A Anna le encantaba un quilt que había hecho su tatarabuela y que llevaba el nombre de *La vida anterior*. A la sazón lo tenía Pauline, que se encargaba de conservarlo, pero a Anna le habían prometido que un día sería suyo. Para saber si había crecido, Anna se tumbaba sobre el quilt cuan larga era, con los brazos estirados por encima de la cabeza, y se fijaba si llegaba a determinados cuadrados con los pies y las manos.

El quilt constaba de quince cuadrados grandes llenos de animales, hombres de tez oscura, ángeles voladores que soplaban trompetas, serpientes de tamaño natural, estrellas, un sol desmesurado y velas encendidas de las que goteaba la cera, todos cosidos en appliqué. Eran escenas africanas: animales con colmillos o guerreros que luchaban con espíritus, con fieras y también entre ellos. Velas invertidas que no se apagaban. Peces gigantes devorando a hombres desventurados que caían de unas balanzas enormes y oscilantes. Los colores eran densos y terrosos; estrellas amarillas iluminan un campo a medianoche; el sol inmisericorde.

Eso fue anterior a los barcos y a la plataforma donde se subastaban los esclavos y a las filas de negros encadenados. Anterior a la mezcla de sangres cuya existencia ninguna familia blanca reconocía en su propio hogar, pero que descubría sin dificultad en casa del vecino. Y todo porque una raza no tenía la decencia de avergonzarse de comerciar con carne humana.

De nuevo, el quilt como un sueño anhelado contrapuesto a la realidad del mundo.

Anna vivía con su tía abuela Pauline en casa de un matrimonio, en San Francisco. El marido había heredado unos dinerillos (que sin hacerle rico le permitían llevar una existencia «holgada»), de modo que no necesitaba trabajar y podía dedicarse a cultivar su afición por la astronomía, con su telescopio enfocado al cielo, sus gráficos, mapas y manuales. Anna solía examinar los libros que él tenía en el estudio, mientras Pauline ponía orden y quitaba el polvo; la niña relacionaba los astros que veía en los libros con las estrellas sobredimensionadas del quilt.

–Pauline –preguntó un día Anna, señalando una ilustración–, ¿es esto África?

Pauline echó un vistazo a la lámina mientras pasaba junto a Anna.

–No –contestó–. El cielo no pertenece a nadie. El cielo es libre.

A diferencia de la Tierra.

Pauline decidió que enviaría a Anna a la universidad; a Anna, que tanto amaba los cuerpos celestes, las estrellas y los cometas. El dueño de la casa siempre le enseñaba cosas a Anna, satisfecho de que alguien se interesara por su pasatiempo. Acercaba una silla al telescopio y ponía a Anna de pie en el asiento para que pudiera mirar por la lente. Pauline oyó cómo él le explicaba la naturaleza de los planetas, cómo la familiarizaba con el cosmos. «Algún día –anunció el señor–, iremos a verlos con nuestros propios ojos.» Anna afirmó que ella sería la primera en subir al artefacto, a lo que el hombre replicó, riendo: «Bueno, eso no es muy probable ¿verdad?».

Pauline lo detestó por decirle aquello a Anna. Entró en el estudio y bajó a la niña de la silla. Anna le pegó en el brazo; Pauline sacudió a su sobrina y declaró:

–Te voy a comprar tu propio telescopio. Será tuyo –mientras Anna volvía la cabeza para sonreírle al astrónomo aficionado.

La señora de la casa codiciaba *La vida anterior.* Pauline le explicó: «Son historias de África, sueños y mitos africanos, etcétera», pero a aquella mujer sólo la emocionaba e interesaba el quilt en sí, no la historia que lo había inspirado.

–Es una preciosidad –dijo–. ¿Cuánto cuesta?

La señora palpó los bordes, tocó los appliqués, chasqueó admirada la lengua ante la habilidad, el arte y la elegancia de aquel trabajo artesanal. Con suavidad, Pauline extrajo el quilt de las garras de la señora.

–No está en venta –dijo.

Poco tiempo después, Pauline oyó por casualidad cómo la señora les describía *La vida anterior* a sus amigas. La oyó decir:

–Nunca he visto nada parecido... No, estoy segura de que vosotras tampoco... Oh, es muy distinto. Incluso encierra varias historias... Bueno, así de pronto no las recuerdo, pero puedo enterarme.

Pauline se fue corriendo a la cocina, donde Anna estaba sentada haciendo los deberes del colegio. La niña, al ver la expresión trastornada de su tía, preguntó:

–¿Qué pasa?

Pauline sacudió la cabeza e inmediatamente después se dirigió a su habitación, arrancó el quilt de encima de la cama y lo dobló, hecho lo cual lo envolvió en un papel perfumado de color azul y lo embutió en el fondo del estante más alto de su armario. La señora ambicionaba hasta tal punto poseer aquel quilt que Pauline temía que fuera capaz de hacer cualquier cosa.

Cuando Anna preguntó por el quilt, Pauline le respondió:

–Lo he guardado, bonita, lo quiero conservar para ti.

–Quiero verlo ahora –insistió Anna, que sospechaba que no estaba guardado sino que su tía se lo había regalado a alguien.

–No –le advirtió Pauline con firmeza. Se resistió a sacar el quilt del refugio del armario para integrarlo en el mundo de la señora–. Tendrás que creer en mi palabra.

Anna fue creciendo, y a Pauline se le hacía cada vez más insufrible entrar en el cuarto de su sobrina, que tenía las paredes empapeladas con recortes de fotografías y dibujos de estrellas y planetas.

Pauline fue a ver a la señora y le pidió veinticinco dólares a cambio del quilt. La señora, cuyo esposo no se dedicaba a negocios bursátiles y en consecuencia le había afectado demasiado la crisis económica, le contestó:

–Pauline, creo que, dada la situación actual, deberías comprender que no dispongo de veinticinco dólares.

Pauline hizo ademán de salir de la habitación, pero la señora manifestó:

–Te daré quince dólares.

«Quince dólares –pensó Pauline–. ¡Vaya, si no es nada! ¿Cómo voy a entregar mi quilt a una persona que no conoce su valor, en ningún sentido?» Pero Anna era lo más importante. Contaba quince años; estaba alojada, vestida y alimentada, pero necesitaba otras cosas en esta vida. Debería saber lo que era el lujo, incluso esos lujos pequeños y sin importancia. (La educación es un lujo. Pauline frunce el ceño.) Todo el mundo debería tener algo, además del simple hecho de vivir. Por otra parte, Anna se estaba convirtiendo en una experta en el arte de confeccionar un quilt y quizá llegaría a hacer una labor tan hermosa como *La vida anterior.*

–Veinte –replicó Pauline.

La señora alzó las manos con las palmas hacia arriba.

–¿Qué quieres que haga? Quince es todo lo que puedo darte.

Pauline contempló el nuevo vestido de seda color espliego de la señora; el brillo que ponía en su muñeca la pulsera de perlas y rubíes, regalo reciente de su marido.

Una vez realizada la venta, Anna se deshizo en llanto, Pauline permaneció callada. Pauline le volvió a relatar a la señora las historias que representaba el quilt, hasta que la señora la oyó sin escuchar y Pauline desistió. A partir de ahí, Anna rehusó la perspectiva de tener un telescopio y encomendó a Pauline que le preguntara a la señora si ésta accedería a venderle a su vez el quilt.

–Oh, no –dijo la señora–. Es imposible. No podría separarme de él. Estoy segura de que lo comprendes.

La señora lo colgó en la pared de su saloncito, donde Pauline podía verlo mientras limpiaba la habitación. Cada vez que entraba para admirarlo se preguntaba cómo había sido tan tonta, cómo había cometido un error de cálculo tan enorme. Cómo podía haber pensado que las cosas materiales no tenían importancia, que eran todas iguales e intercambiables y que de todos modos no podías llevártelas a la tumba. A Pauline le daba vergüenza confesarse lo mucho que amaba aquel quilt. *La vida anterior.* Con el paso del tiempo, continuó yendo a contemplar el quilt, aunque nunca volvió a tocarlo. Ya no le contó a nadie las historias reflejadas en el quilt, ni siquiera a Anna, pues aunque comprendía que a esas alturas Anna ya no las recordaba y no podría contárselas a sus propios hijos, se decía que, como tampoco dispondría del quilt para ilustrarlas, más valía que esas historias se perdieran del todo. Para alivio y consternación de Pauline, la señora nunca repitió aquellas historias a sus amigas, quienes a menudo alababan su adquisición y le preguntaban si podría convencer a Pauline para que confeccionase un quilt para ellas.

Pauline tiene ganas de reírse en su cara, de llamarlas estúpidas y de decirles: «¿No saben que sólo ustedes pueden contar su propia historia? Es imposible comprar la vida de otra persona». Luego, se detiene y escucha sus propias palabras. «De todos modos –piensa decirles si esas señoras se lo piden–, este quilt no es obra mía.» Eso es lo que les dirá para que se callen.

A los dieciséis años, Anna no demuestra el menor interés por los astros. Lleva años sin hacerlo. Tampoco charla con el señor sobre el tema. No hojea los libros que él tiene en el estudio. Ha quitado el improvisado sistema solar de las paredes de su habitación. «Me gustan más desnudas», le dice a Pauline.

Sabe que Pauline echa de menos el quilt, que llora su pérdida en silencio, porque una buena cristiana no debe ambicionar las cosas del mundo ni lamentar su falta, ya que se nos ha dicho que las cosas del espíritu constituyen un sustento más eficaz que las cosas de la carne. Sin embargo, Pauline se siente perdida, desazonada y como distanciada por el robo de su pasado, del que se ha apropiado una persona para la cual el quilt no es más que un objeto de adorno. Anna no ignora que Pauline sólo se lo ofreció a la señora a fin de ganar algo diferente para su sobrina... y para comprender, demasiado tarde, que no se debe comerciar con ciertas cosas. Pauline realizó esa venta haciendo de tripas corazón y con los puños cerrados. Sabe que se desprendió de algo que no debía y que ya no hay vuelta de hoja. ¿Por qué Anna no podía tener las dos cosas? ¿El quilt y el telescopio, su pasado y su futuro? ¿Por qué sus vidas no eran más que una serie de opciones que al parecer se cancelaban una a otra?

En cuanto a la señora, Anna apenas soporta estar en la misma habitación que ella, y tampoco en la misma casa; le molesta la cercanía de una mujer capaz de comprar algo tan preciado como el quilt, capaz de mostrarse tan descaradamente inmoral.

Anna ni siquiera se despidió cuando, a los dieciséis años, abandonó San Francisco. Se fue sin avisar. Se largó. La víspera por la noche, le dijo a Pauline:

–Me da pena verte así.

–También me apena a mí –respondió Pauline.

Luego, Anna desapareció.

Y *La vida anterior* desapareció con ella.

Fue con gran placer que Pauline, toda consuelo y humildad, se dirigió ese día a la señora, le cogió la mano y le puso quince dólares en la palma. Cerró la mano de la señora sobre los billetes y dijo:

–Yo le haré otro.

Pero la señora meneó la cabeza y gimoteó:

–¡Yo quería justamente éste!

Pauline salió de la habitación con un caminar ligero y el ánimo alegre.

–Mala suerte –dijo ya en el vestíbulo, donde la señora ya no la oía–. La verdad es que usted me da lástima.

Anna Neale se dirigió hacia el sur, a las afueras de Bakersfield, donde la esposa de un ganadero la contrató como criada. La finca pertenecía a dos socios: uno de ellos estaba en Tejas (y tenía, además, otra hacienda), y el otro, en Chicago (a éste la finca le parecía una inversión romántica, una fantasía de muchacho atraído por el Viejo Oeste). Los amos de Anna pertenecían a una familia acaudalada, habían heredado una fortuna y la habían incrementado. Al haberse criado en un ambiente privilegiado, estaban acostumbrados a tener criados y por lo tanto los trataban como suele hacer la gente rica con solera, es decir, sin crueldad pero no amablemente, con una actitud exenta de frialdades pero sin familiaridad. Simplemente, los criados eran invisibles.

A veces los nuevos ricos ejercitan su musculatura social sobre los criados recordándoles su estado de inferioridad, con objeto de reafirmar la elevada posición a la que han llegado sus amos. (Años más tarde, al comienzo de los cincuenta, Anna verá la película de Cocteau *La bella y la bestia.* En esta cinta, los sirvientes invisibles de la Bestia están representados por brazos humanos que sostienen candelabros o reciben prendas de vestir, y también por unos ojos tallados en las recargadas chimeneas o las patas de los asientos, unos ojos que ven. Anna le dirá a Marianna, su hija: «Ves, cielo, así era mi vida en el rancho». Cuando la Bella se echa a llorar, sentada en el borde del lecho de muerte de la Bestia, sus lágrimas transformadas en diamantes caen desde sus manos sobre el cuerpo inanimado de la Bestia. Para Marianna, ésta será la parte más memorable de la película, no los criados invisibles.)

Un verano, el hijo del socio de Chicago pasó tres semanas en la hacienda, donde conoció y se enamoró de Anna (o quizá de la idea que se hacía de Anna), con quien no podía casarse a pesar de que «esto es América y todos somos hijos de Dios», porque Anna era una criada y además era negra. El collar de granates ya no achicaba su figura, como cuando era niña; ahora tenía diecisiete años y los granates le rodeaban la base del cuello, reflejando en sus facetas la luz del sol. Caminaba con una gracia singular. El joven la observaba cuando andaba por la casa y también cuando daba sus paseos vespertinos, durante los que la contemplaba mientras ella escrutaba el cielo nocturno.

Lo que despertaba su deseo era el modo en que ella estudiaba el lucero de la tarde. *Sikhamba-nge-nyanga.*

«La-que-camina-a-la-luz-de-la-luna.»

Era natural que la invisible Anna tuviera curiosidad y se sintiera atraída por la suma visibilidad de aquel chico rico de Chicago. Nunca había tenido un enamorado y su admiración le provocaba a un tiempo emoción y temor. No podía confiar en él, y sin embargo no actuaba con la debida cautela. Su corazón estaba dividido entre el deseo de corresponder al amor que le ofrecía y el desagrado y la desconfianza que le provocaba el color de su piel; entre el tímido afecto por un joven que era casi de su edad y el poderío de la posición social de éste; se sentía a la vez suspicaz y complaciente ante aquel amor.

(Ahí actuaba una dualidad de fuerzas históricas: la interacción de dos razas y el acuerdo tradicional entre clases sociales, adoptado por el hijo del socio de Chicago y la criada de la casa.)

El muchacho quiso tocar el collar de granates y posó la mano en él y en la garganta de Anna.

–¿Quién te lo ha dado? –preguntó.

–Era de mi bisabuela –respondió ella cubriendo con la suya la mano de él, bien para acariciarle los dedos, bien para apartárselos..., ni siquiera Anna lo sabía–. Pero según recuerdo, lo he tenido desde muy pequeña. –Las piedras brillaban como los diamantes bajo la luz.

A veces, él la trataba como a una perfecta ignorante, pero ella sabía que él no se tomaba la molestia de hacerle las preguntas adecuadas. Por ejemplo, sobre la rotación de los planetas o la importancia de una lluvia de meteoritos o el significado de dos lunas llenas en un mismo mes o el modo de preparar la base para un quilt. En una ocasión, el chico acudió al cuarto de Anna cuando todos los demás se habían ausentado para el día entero; se sentó con suma confianza en la cama mientras ella permanecía apoyada algo desgarbadamente contra la pared. Anna observó la atención con que él examinaba cada cuadrado de *La vida anterior,* y contuvo la respiración, pensando que quizá le iba a hacer las preguntas adecuadas.

–Tiene un nombre –dijo ella acercándose a él un poco.

–¿Ah, sí?

–Se llama *La vida anterior.* –Le pareció estar suspendida entre unas alturas vertiginosas y unas simas profundísimas.

–*La vida anterior* –repitió él. Luego preguntó–: ¿Piensas alguna vez en mí?

Anna dejó escapar un suspiro. Resolvió que, si él se lo

preguntaba, le contaría las historias plasmadas en el quilt (aquellas que Pauline creyó que habría olvidado); no se lo preguntó. Entonces ella se vio tal como él debía verla, como una joven que no le importaba, como algo que hacer durante ese ínterin en el rancho. Se resignó a la soledad. De nuevo. Y le entraron ganas de reírse de su pregunta, de decirle: «Esto es lo único que se me permite hacer en esta casa, pensar en ti y en tu familia y en vuestra comodidad y en vuestros males y en vuestros invitados». Pero dijo:

–Sí, claro.

–Odio este sitio –dijo él–. Chicago te encantaría. ¿Has estado alguna vez en Chicago?

Anna sacudió la cabeza. No serviría para nada decirle que se había criado en San Francisco, que la vida de la ciudad no le resultaba desconocida.

–Vale la pena verlo. Sobre todo los edificios. Son impresionantes. Maravillosos. Algunos, muy nuevos, de resultas del incendio y todo eso. –Se tumbó en la cama de través–. Eso es lo que me gustaría hacer. Construir.

Anna se sentó junto a él.

–Mi padre tiene otros planes –concluyó el muchacho.

–Pero eres rico. Seguramente podrás hacer lo que quieras en la vida. –Se acercó más a él. Mediante esa proximidad quería sentir lo que era el poder, lo que era la riqueza.

Él se echó a reír.

–Oh, sí, mientras mis padres lo encuentren aceptable. Ya sabes cómo son los padres. –Le alisó el dobladillo de la falda aplanándolo sobre la cama, superponiéndolo a *La vida anterior*.

Anna sacudió los hombros.

–A mí me crió mi tía abuela Pauline. Mi madre había

muerto y no la recuerdo bien. Dicen que me parezco a mi padre.

Advirtió que el joven la contemplaba, examinando cada rasgo de su rostro y cada línea de su cuerpo. Sabía lo que estaba pensando: que la piel era de color canela y que los cabellos, aunque rizados, eran casi... bueno, casi de persona blanca por su estructura. La boca y la nariz eran tan preciosas...; como correspondía a la piel.

–¿Tu padre? –preguntó él.

–El color de la piel parece ser un problema para alguna gente.

–Sí –dijo el chico.

–Cada día –declaró ella–, soy consciente de mi color... me hacen ser consciente del color de mi piel o de que no soy blanca o de que pertenezco a otra raza. Soy en primer término una raza y en segundo término, soy Anna. Como si se pudiera dividir a las personas, trocearlas de este modo. –Se detuvo–. Ah, pero tú tienes que batallar con tus padres.

Él la agarró y la empujó hacia la cama por los hombros. Anna se abandonó. No tenía nada que perder.

Merced a esa triste relación, Anna se quedó sin empleo y con una hija a la que criar. Se sentía enfadada con el chico y enfadada consigo misma. Pero no con Marianna, su pequeña; ni una gota del rencor que le inspiraba el padre llegó a impregnar su cariño por la niña.

Cuando Anna supo que estaba embarazada, se marchó, de un modo muy parecido a cómo había abandonado la casa de San Francisco. No le comunicó al muchacho que esperaba un hijo; se lo calló. No quería oírle decir que la quería pero que no podía casarse con ella.

Un día se fue por las buenas. «Me marcho», anunció,

y al día siguiente ya había desaparecido. Anna nunca se hubiera marchado sin despedirse de sus amos; eso sería como huir y ella nunca lo haría. Anna no corre, no pueden hacerla correr, ella camina.

Así empezó la tercera fase de los cuatro cuartos que componen, nítidamente separados, la vida de Anna: en calidad de asistenta fija (popularmente llamada en 1935 «chica de servir») en el hogar de la familia Rubens, compuesta por el señor y la señora Rubens y sus hijas, Glady Joe y Hy. Anna y Glady Joe tenían diecisiete años.

El señor y la señora Rubens llevaban años empleando en su casa a un desfile incesante de muchachas «descarriadas» que vivían con ellos, realizaban pequeñas tareas domésticas y cocinaban. Estaban bajo la tutela de la Iglesia episcopaliana y se quedaban hasta que nacía el niño, en cuyo momento los Rubens decían adiós a la chica, lo mismo que ella decía adiós al bebé. Se sobrentendía que esas criaturas estaban destinadas a ser adoptadas por familias estériles y responsables.

Como la señora Rubens solía decirles a las amigas que la jaleaban por sus «buenas obras»:

–Es lo menos que podemos hacer por una muchacha que ha dado un mal paso.

El pastor fue personalmente a ver a la señora Rubens para abordar el asunto de Anna.

–Verá usted –dijo–, esta vez es un poco más delicado que de costumbre. Anna Neale es negra. –No añadió que era a medias de raza caucasiana, porque no habría tenido importancia; ya que esto es Estados Unidos, con su arcaica norma de «una sola gota», un legado procedente de los Padres Fundadores: «Una gota de sangre negra te convierte en un negro». La señora Rubens se apresuró a contestar:

–Mándenosla. La recibiremos gustosos.

Anna casi se sintió peor al trabajar para una familia que se desvivía por ser «amable» con ella, por incluirla y por preocuparse de su embarazo. Interesarse por su estado, eso Anna lo sabía, era muy distinto a mostrar interés por su persona. Estaba más acostumbrada a la invisibilidad de su papel en el rancho, e incluso al trato que le dispensaba la señora de San Francisco. A la sazón, Pauline ya estaba a medias retirada de su trabajo en aquel lugar. A Anna le fastidiaba que los Rubens se empeñaran en presentarla a sus amigos. Le azoraba que la señora Rubens la llamara «nuestra Anna», como cuando decía: «Quiero que conozcáis a nuestra Anna». La señora Rubens vigilaba en especial la dieta de Anna («Mucha leche», «No te vendría mal ganar un poco de peso»). La señora Rubens le pasaba su propia ropa («O para ti o para el ropero de beneficencia, Anna»), y les decía a Glady Joe y a Hy que «no molestaran a Anna».

Sin embargo, a pesar de todo eso, Anna no podía evitar percibir cierto airecillo helado, un levísimo soplo glacial procedente de la señora Rubens que la dejaba aterida. El señor Rubens se mostraba siempre cortés con ella y nunca le pedía nada que no fueran las cosas normales que una asistenta doméstica tenía la obligación de suministrar. A menudo se ausentaba a causa de los negocios, cosa que le volvía más parecido a un patrón de empresa y hacía que a Anna no le resultara tan incómodo codearse con él.

Al caer la tarde, cuando Anna había finalizado sus tareas, daba frecuentes paseos, como había hecho en el rancho. El centro de gravedad de su cuerpo se había desplazado, haciendo que su andar fuera menos elástico, un poco más patoso; aunque conservaba aquella gracia que había despertado la lujuria del joven de Chicago. Caminaba con la mano sobre el vientre, que día a día adquiría mayor volumen, y explorando con la vista el cielo. Así era como caminaba: la mano, sobre el vientre; los ojos, en el cielo. Como si de alguna forma pudiera enlazar las dos cosas. Existe en Filipinas, en el idioma tagalo, la palabra *lehi* , como en la expresión «hacer *lehi*». Traducido, significa que en el caso de la mujer embarazada, todo lo que la obsesione se manifestará en el feto; así, si sueña con picos de gallinas, su hijo nacerá con un pico de gallina.

Anna no era consciente de eso mientras caminaba a la luz de la luna, con las palmas de las manos apoyadas en el abdomen y la mirada puesta en lo alto. Quizás el hacer *lehi* sea un reflejo instintivo entre las mujeres preñadas. O quizás estaba entrecruzando de un modo inconsciente esa leyenda con la tradición de pedirle un deseo a una estrella. Pauline le había dicho: «El cielo no pertenece a nadie. El cielo es libre». Su hijo no nacido, en ese mundo, no pertenecía a nadie.

Uno sólo pertenece a sí mismo.

Cuando una noche Anna regresó de su paseo, Glady Joe le preguntó:

–¿Adónde vas por las noches, Anna?

–Solamente paseo. No voy a ningún sitio. –Pero en su interior, Anna no había olvidado el precio que tiempo atrás había pagado por deambular sola bajo las estrellas.

–He pensado que alguna vez podría acompañarte.

«No, no», no podía compartir con nadie esas caminatas, y menos con otro retoño de la familia para la que trabajaba.

–Puede ser –dijo, jurándose a sí misma que daría por terminados sus paseos nocturnos mientras viviera en aquella casa.

–Me gustaría –insistió Glady Joe–, me gustaría mucho.

Anna sospechaba que, al igual que la señora Rubens, Glady Joe quería demostrar a todo el mundo lo caritativa que llegaba a ser con los «menos afortunados». No se paró a diferenciar lo genuino de lo falso; ni a pensar en qué se distinguía la hija de la madre.

Anna abandonó sus paseos, se acostumbró a recluirse en la habitación una vez que había lavado y guardado los platos de la cena. Al principio escribía cartas a Pauline; en ocasiones consideraba la posibilidad de ponerse en contacto con el padre del bebé, acaso presentarse en la universidad donde estudiaba. Escandalizar de veras a los padres.

Los Rubens le regalaron una vieja radio que Anna intuyó que había pertenecido a las hijas del matrimonio, las *Chicas Flores,* como se las conocía en la ciudad. Estaba segura de que se la habían regalado gracias a la insistencia de la señora Rubens. Oh, a Anna le parecía oírla: «Vamos, Glady Joe, Hy, tenemos que ser generosos y compartir las cosas con los que no pueden conseguirlas por sí mismos. Vosotras dos podéis escuchar la radio que tenemos en la planta baja». Pero muy poco de lo que daban por la radio lograba cautivar a Anna. Entrada ya la noche, unos cuantos cantantes blandengues y de raza blanca trataban de interpretar jazz o unos blues ligeros, pero a menudo no sonaban bien.

Anna empezó a hacer patchwork. Pauline, que por entonces se dedicaba casi exclusivamente a coser y a confeccionar quilts para la señora, con frecuencia le enviaba retales, y Anna los guardaba en el fondo de un viejo saco de harina. La mayoría de los retales eran de colores oscuros, de esos tonos característicos de los quilts estilo Amish, pero también había alguna tela estampada de fondo rojo vivo o amarillo. La señora se sentía tan acongojada por la pérdida de *La vida anterior* que le había dado carta blanca a Pauline para que comprara metros de tejidos que hicieran juego (un lujo para las confeccionistas más exigentes), a fin de que cosiera quilts de calidad superior. Anna, en su labor, acoplaba con habilidad los fragmentos de las sobras que le mandaba Pauline. Aprovechaba lo que tenía a mano.

Empezó un quilt de cuna para su bebé, siguiendo el modelo tradicional Amish llamado *Estrella rota*. Cosió el forro a la guata y unió con pespuntes unos minúsculos rombos para crear una estrella inmensa sobre un fondo de color azul índigo.

Una noche, Glady Joe llama con suavidad a su puerta. Anna experimenta un fugaz sobresalto; a menudo le parecía que, una vez que la cena había terminado y se retiraba a su habitación, era la única moradora de la casa. Tan apartada estaba de los Rubens.

–Anna –comienza Glady Joe.

Anna deja a un lado la labor, abre la puerta y retrocede para dejar entrar a Glady Joe. Glady Joe lleva un libro en la mano.

–¿Es esto lo que haces? –le pregunta mientras palpa los diminutos retales de forma romboidal–. No te he visto pasear. Es decir, debes de ser muy rápida porque no te veo salir. –Glady Joe se sienta con remilgos en el borde de la cama, mientras Anna piensa: «Vaya, otro retoño de una familia blanca que se sienta en mi cama».

–Últimamente no me apetece andar.

–Oh.

Glady Joe le muestra con timidez el libro.

–Me preguntaba si lo has leído.

Anna lee el título, *Cumbres borrascosas*, y mueve negativamente la cabeza.

–¿Quieres que te lo preste? Es que, verás, me recuerda un poco a ti. Tú caminas tanto..., y esa gente tampoco para de dar vueltas. Por los brezales. Pasan mucho tiempo andando –dice Glady Joe–. Es increíble que cosas esto tú sola. Tantos trocitos pequeños... ¿cómo sabes en qué sitio van? Y son tan llamativos... Me refiero a los colores.

–Las mujeres de mi familia se dedican al patchwork –responde Anna, y añade–: Mira, este quilt me da mucho trabajo. Quiero terminarlo para mi hijo –esboza una breve sonrisa–, de modo que debo darme prisa.

Glady Joe se pone en pie.

–Puedo dejarte el libro. Quizá quieras leerlo cuando tengas tiempo.

–No te molestes –dice Anna, pero al ver la expresión dolida de Glady Joe se siente culpable; después, fastidiada. ¿Es que no tiene adónde ir? Claro, hoy no está con Hy porque Hy ha salido con un grupo de amigos. Anna la oyó mencionar a un chico, a un tal Lee, según cree, pero sus padres no le permiten salir sola con un muchacho; sólo tiene quince años. Sin embargo, Hy se niega a quedarse en casa; es mucho más moderna y sociable que su hermana. Glady Joe, al igual que Hy, parece «diferente» de la mayoría de la gente de Grasse, pero es Hy quien llama más la atención, con sus peinetas de concha, los centelleantes broches con que adorna los viejos jerseys de su madre y los calcetines bordados que se pone para ir al colegio. Con sus nuevos peinados copiados de las revistas editadas en Nueva York y sus constantes referencias a París, Berlín, a los artistas y todo eso.

Comparadas con los nativos de Grasse, las Chicas Flores a menudo le parecen unas intrusas; «más Glady Joe que Hy, pero ninguna tanto como yo», piensa Anna. Descubre que Glady Joe ya no está en la habitación y vuelve a su labor con la *Estrella rota.*

Más tarde, mientras Anna recorre el pasillo hacia el cuarto de baño, oye que la señora Rubens dice:

–Cielo, deja a Anna en paz. Tú y ella sois dos personas muy distintas; ya eres bastante mayor para entender a qué me refiero.

Glady Joe protesta.

–¡Mamá!

Pero la señora Rubens no está dispuesta a permitir ninguna clase de discordia en su propia casa.

–No sería justo ni para Anna ni para ti poneros en este plan. Las reglas no las he establecido yo; las cosas son así.

Anna se detiene en el corredor. ¿No sería justo para Anna? ¡Quién es ella para decidir lo que es justo o injusto! Malditos sean esos blancos. Se creen que lo saben todo sobre todo el mundo. En cualquier caso, ¿quién ha dicho que a Anna le apetece ser amiga de Glady Joe? A pesar de que, como reconoce para sus adentros, hay momentos en que le gustaría tener camaradas de su misma edad.

Anna cierra la puerta del cuarto de baño y se quita el vestido, las medias y los zapatos. Se mira en el espejo, que sólo refleja su cuerpo de cintura para arriba (esa cintura que está desapareciendo con rapidez), y descubre consternada lo abultado de sus pechos, que por fin han perdido aquella sensibilidad tan irritante (cuando el más ligero roce de una tela sobre los pezones la ponía mala).

Tiene el vientre hinchado, las caderas más anchas, y de pronto se alegra de que no haya un hombre que pueda verla desnuda. Pero también está triste. No tiene a nadie que la abrace, y se dice que tal vez lo que la arrastró hacia el chico del rancho fue sobre todo eso, el anhelo de que alguien la abrazara. Lo maldice por hacerla recordar lo mucho que le gusta que la acaricien (nadie la ha tocado desde que se fue del lado de Pauline). Anna está convencida de que la gente puede vivir sin un montón de sensaciones agradables, siempre que nunca vuelva a experimentarlas. Porque una vez que esa sensación placentera ha vuelto a introducirse en la vida de una persona, la necesidad de disfrutar de ella se hace arrolladora e incontrolable.

Se mete en la bañera. Tendida de espaldas, el vientre y los pechos le sobresalen del agua humeante como un pequeño grupo de atolones en los mares del Sur. ¿Qué era lo que esperaba de aquel chico? ¿Amor? ¿Dinero? ¿Posición social? ¿Cariño? ¿Quería ella vengarse? ¿Darles una bofetada a los padres de él? ¿A sí misma? Saca del agua la manopla de baño y, cuando la retuerce para escurrirla, las gotas de agua caen como una lluvia tropical sobre su cuerpo compuesto de varias islas. Se imagina a su bebé flotando en su matriz mientras ella flota en el agua, y percibe que el niño está dormido.

Cumbres borrascosas continúa cerrado sobre la cómoda de Anna quien, aprovechando la luz de la lámpara de la mesilla de noche, está inclinada sobre la labor mientras va uniendo con pequeñas puntadas trozos de la *Estrella rota*. Oye a alguien acercarse a su puerta, luego silencio, y por fin unos pasos apenas perceptibles que se alejan.

«Bien», piensa.

Pero la noche siguiente, Glady Joe se acerca otra vez a la puerta y pide que la deje entrar. Anna se recuesta en la silla, con las piernas un poco separadas a causa del abultado vientre, y con el quilt a medio hacer posado sobre el regazo.

–Anna –dice Glady Joe–, se me ha ocurrido venir a verte para decirte si te apetece un poco de helado. Mamá ha hecho helado de chocolate con nueces.

–Debe de estar muy rico –contesta Anna.

Cuando entran en la cocina, el señor Rubens está contando algo acerca de un empleado de su oficina, un tipo que trabaja para él, mientras la señora Rubens le escucha arrobada, chasqueando la lengua en señal de desaprobación o sorpresa en todos los momentos adecuados. Hace comentarios como: «Hay gente incapaz de apreciar nada» o «Piensan que han venido a este mundo para que se los mantenga». A veces mira a Anna y le sonríe. Anna finge estar absorta comiendo el helado y desea poder llevárselo a su cuarto sin parecer descortés.

–Así que le dije –continúa el señor Rubens, mientras apunta con la cuchara a alguien inexistente–. «Estamos en plena Depresión. No hace falta que te lo diga.»

–Cariño –interviene la señora Rubens–. Sólo puedes hacer lo que es justo. No puedes hacer nada por nadie, por mucho que lo desees. Todo acaba por saberse. Todos debemos vivir para nosotros mismos. Al final de todo, quiero decir. –Con la cuchara coge un minúsculo trocito de helado y se lo lleva a los labios.

–Desde luego, tienes razón –dice él (la señora Rubens asiente con la cabeza)–. Lo que pasa es que a veces te entran ganas de no seguir ayudando a la gente..., de dejarles que naden o se ahoguen, dejarles que vean lo que es bueno.

–Desde luego –concluye la señora Rubens.

Entra Hy, acompañada de dos chicos y una chica.

–Hola, Lee –saluda la señora Rubens, sonriendo.

–Buenas noches, señora, señor –responde Lee.

(Anna advierte, por el brillo de los ojos de la señora Rubens, lo encantada que ésta se siente al ver los exquisitos modales y la conducta perfecta de Lee. «La prueba de su buena crianza», dirá la señora más tarde.) El otro chico se llama James Dodd, y la chica, Corrina no sé qué. Anna no lo ha oído bien.

–Lee me ha acompañado a casa –dice Hy, con los rizos despeinados después de haberse divertido por ahí. Pero su vestido sigue bien planchado (es de color cobre, de ese género tan innovador que, al parecer, es muy resistente) y se adorna con un elegante cinturón de piel de caimán que en realidad es demasiado sofisticado para una chica tan joven. Hy se derrumba en una butaca y exclama:

–¡Oh, helado! –Propone a sus amigos que lo prueben, pero éstos declinan su oferta («He prometido que dejaría a Corrina en su casa a las diez y diez»). Hy se limita a hacer un gesto de despedida desde la mesa mientras come a cucharadas el helado, una falta de educación por la que la señora Rubens no deja de reconvenirla. («Hy, aunque vivamos en Grasse, seguimos teniendo buenos modales.») Sin embargo, Hy se limita a escucharla mientras espera con ansiedad la segunda ración de helado que su madre está a punto de servir, fijos los ojos en el trayecto de la cuchara desde el gran cuenco hasta el tazón, con la intensidad de un gato aguardando la comida. Con el codo apoyado en la mesa se quita los pendientes, primero uno y luego el otro, y los empuja hacia su madre al tiempo que le da las gracias por habérselos prestado.

–Bueno, la verdad es que te quedan muy bien –dice la señora Rubens.

–¿Cuál de los dos te gusta más, Lee o James? –pregunta Glady Joe.

Y Hy contesta:

–Cualquiera que no pretenda ser granjero.

Nada impresiona tanto a Anna como la sensación de que está fuera de lugar allí, en esa cocina donde el señor Rubens comenta cosas de la oficina y la señora Rubens le demuestra una solidaridad incondicional; donde presencia el préstamo de los pendientes y la pregunta de la hermana acerca de cuál de los dos chicos está mejor calificado para admitirlo como pretendiente; y donde comprende que ella, Anna, completa la imagen de la familia perfecta al personificar la obra de caridad, la prueba de la bondad que reina en esa casa, en esa población rural, a mediados de los años treinta. Le parece estar en un teatro donde se representa una obra llamada *La familia norteamericana* y espera por momentos oír una voz grave y resonante que explica, detrás del escenario, las costumbres, alegrías, ambiciones, frustraciones y pesares del núcleo familiar.

«No formo parte de esto –piensa Anna–. Ni de esta casa, ni de este mundo, ni de esta sociedad.» Eso no la sorprende. Lo que la sorprende es notar que siente a un tiempo atracción y rechazo hacia lo que está viendo. Ya le ha pasado la edad de salir con chicos; sería feliz si tuviera un hombre que pudiera llamar suyo y que la besara al regresar de noche a casa, que la llamara «encanto» mientras le acaricia el vientre con las fuertes y diestras manos antes de decir «hola» al bebé que lleva dentro. Hablarían de lo que cada uno había hecho durante el día, y aunque agotado por el trabajo, él la miraría y exclamaría: «¡Mi niña bonita!». Naturalmente, el hecho de que él tuviera un empleo sería de por sí pura fantasía, un sueño para la mitad de los norteamericanos. Anna tiene suerte de estar trabajando, comiendo ese helado, que por lo mismo deja de gustarle.

Mientras lleva el tazón al fregadero («Más cacharros», se dice suspirando), Glady Joe le pregunta si no le apetece un poco más; en fin de cuentas, ha de comer por dos. Anna sacude negativamente la cabeza; desea volver a su habitación, absorberse en su *Estrella rota* y olvidarse de que tiene diecisiete años, que no se ha casado, no tiene quien la quiera, está embarazada y es una marginada.

Glady Joe sigue acudiendo a la puerta cerrada de Anna, por lo general con un té o algo que darle o que enseñarle, y Anna acepta lo que sea sin comprometerse demasiado. En cada ocasión, Glady Joe se maravilla de lo adelantado que está el quilt, ya casi terminado, y de su complicada belleza. Le hace preguntas cada vez más técnicas y Anna se sorprende a sí misma explicándole con entusiasmo cómo hacer un quilt.

Anna se ablanda y la interroga acerca del libro que Glady Joe le ha prestado. Ésta empieza a contarle el argumento de *Cumbres borrascosas* y casi sin querer se encuentra leyendo pasajes en voz alta, y después comienza la lectura desde el principio. En la habitación sólo se oye la voz de Glady Joe mientras Anna cose y Cathy y Heathcliff atraviesan las tierras agrestes y desoladas de aquella parte de Inglaterra.

A Anna le gusta mucho esa historia. Le gusta lo remoto del lugar, el drama de la amistad entre los dos y el modo en que ese drama continúa y se entreteje en la siguiente generación. Le encanta que Cathy y Heathcliff sean unos proscritos; sin embargo, Cathy puede integrarse en la sociedad, mientras que Heathcliff acaba destrozado y amargado por esa misma sociedad. Anna se ve seducida por el alma tenebrosa de Heathcliff, por su corazón sombrío.

A veces deja de coser y le pide a Glady Joe que le relea un pasaje, del que ella repite para sí unas líneas; o bien le hace preguntas o comentarios sobre lo que están leyendo. Otras veces, Glady Joe deposita el libro en su regazo y le pregunta a Anna qué cree que significa esto o lo otro, hasta qué punto afecta a la trama.

Después de *Cumbres borrascosas* viene *Jane Eyre,* «la continuación lógica», dice Glady Joe mientras abre de golpe el volumen. Anna encuentra atractivo el personaje de Jane: la honrada, inteligente e ingenua Jane que no es ninguna belleza. Le gusta su temple y se siente cautivada por ella de un modo muy distinto a como la ha cautivado Heathcliff; ama la maldad de éste tanto como la bondad de Jane. Glady Joe y Anna difieren en cuanto al final de la novela y también en lo referente a las razones del cariño de Jane por el señor Rochester.

–Es porque él es un hombre extraordinario –suspira Glady Joe.

–Es porque ella es su empleada y se siente muy sola –la corrige Anna.

A continuación viene *Orgullo y prejuicio*, que a Anna no le gusta («Blancos tenían que ser», piensa), y después *Daisy Miller*, hasta que una noche Anna deposita la labor en su regazo y pregunta:

–¿No podemos dejar a esos ingleses?

La lectura ha ido perdiendo interés a partir de las Brontë. Glady Joe parece molestarse porque a Anna no le agraden los mismos libros que a ella y declara:

–Henry James es americano, no inglés.

–Es lo mismo –afirma Anna.

Glady Joe prueba con *Madame Bovary* («No», dice Anna); luego, con *Anna Karenina* («No», dice Anna).

Después Pauline envía a Anna una copia manuscrita de un relato titulado *Spunk*, de Zora Neale Hurston.

«Neale, como yo» piensa Anna.

Lo acompaña una nota de Pauline que reza: «Lo leí en una revista que no era mía, pero quería que lo tuvieses y por eso lo he copiado para ti». La caligrafía y el estilo de Pauline hacen que la garganta de Anna se contraiga y que le asomen lágrimas a los ojos.

Ésa es la historia que una noche Anna le lee a Glady Joe, quien está sentada cosiendo su primer patchwork. Al final, le pregunta a Anna:

–Me pregunto quién mató a Spunk.

–Ésta sí que es una buena historia –Anna ha descubierto ahí algo que faltaba en la continua serie de relatos y novelas que Glady Joe le ha estado leyendo.

Pauline, ya jubilada, le manda con regularidad a Anna relatos y poemas, ya que vive en San Francisco y tiene acceso a obras de escritores de color. Anna se siente como si fuera un puente entre la literatura de Glady Joe y la de Pauline: ésta le envía cuentos procedentes de la cultura de su madre, aquélla le lee novelas de la cultura de su padre.

Cuando Anna dispone de algo para leerle, Glady Joe cose las muestras de quilts y escucha. Cuando es Glady Joe la que lee, Anna trabaja en sus propios quilts. Glady Joe no tarda mucho en hacer sus pinitos con el quilt de Anna, uniendo el forro a la parte superior y liberando a Anna del tedio de esa tarea.

La señora Rubens le comenta algo a Anna acerca de la adopción.

–Pero no voy a desprenderme de él. Lo voy a criar yo misma –dice Anna.

La señora Rubens reacciona como si hubiera sufrido un calambre al tocar un hilo eléctrico.

–¡Oh, no puedes hacerlo! –balbucea.

–Sí –replica Anna–. Puedo hacerlo y lo haré.

–Pero Anna –contesta la señora Rubens tratando con torpeza de cogerle la mano–, ¿no deseas lo mejor para él? ¿No quieres que disfrute de una vida agradable?

Anna tiene ganas de decir: «¿De qué me está hablando? A mi hijo seguirán llamándole negro, y a menos que en este país todo cambie dentro de una semana, mi niño tendrá muy pocas probabilidades de "llevar una vida agradable"; solamente llevará una "vida de negro", que resulta muy dura incluso en las mejores circunstancias. Además, lo mejor para él soy yo».

Sin embargo, se limita a decir:

–Le daré cuanto pueda. –Lo pronuncia como si no estuviera asustada, como si no tuviera diecisiete años y no fuera a quedarse sin empleo poco después.

Glady Joe ha empezado a salir con Arthur Cleary, un estudiante universitario que no es de Grasse. De hecho, fue Hy la que primero lo llevó a casa, con el grupo de amigos, pero Glady Joe fue la que despertó su interés. Incluso un ciego se hubiera dado cuenta de eso, advierte Anna.

Cuando llevan a Anna al hospital para dar a luz, la instalan en un pabellón especial. En realidad, no se trata de un pabellón para personas de color sino, como dice Anna, «para personas no blancas», ya que comparte la gran habitación con dos mujeres de origen latino y otra que parece ser china, o tal vez medio negra. Anna es en parte blanca pero, obviamente, ésa no es la parte adecuada, como suele comentar. El personal la trata con cariño, porque es muy joven y guapa, con su piel perfecta de color canela, sus labios gordezuelos, el elegante perfil de su nariz, la línea firme de su mandíbula, esos ojos tan serenos.

Incluso la señora de San Francisco y la gente del rancho solían comentar: «Es de color, aunque no auténticamente negra, si sabe a lo que me refiero» (esto último en un susurro). Quizá sus patrones eran amables con ella debido a que sus rasgos recalcaban sutilmente los rasgos raciales de ellos; porque, sin querer, eso les provocaba una reacción «favorable». «No es que me consideren una de los suyos –piensa Anna–, no pretenden reivindicar esa parte de mí misma sobre la que no ejerzo ningún control y que se juzga de continuo.»

Anna sospecha que tal vez fuera eso lo que arrastró al padre de su hija a hacerle el amor: el mestizaje de su sangre. ¿Se sintió atraído por la afinidad o por el contraste que ella representaba? Porque, sin duda, ella encarnaba ambas cosas en igual medida. Anna deposita un beso en la pelona cabecita de Marianna.

Glady Joe y Hy van a conocer a Marianna, aunque Hy está tan desasosegada que es fácil intuir que preferiría estar en cualquier otro sitio y su sonrisa radiante no consigue engañar a Anna; en cuanto a Glady Joe, el tono tajante con que se dirige a su hermana también la traiciona.

–Mamá te manda recuerdos –dice Hy apartando a un lado la manta para examinar a Marianna, escondida entre los brazos de Anna.

–Dale las gracias de mi parte –responde Anna sin levantar la vista.

La niña no puede todavía enfocar la mirada, pero parece encogerse cuando su madre le pasa la mano a cierta distancia de los ojos y también da la impresión de fijarse con deleite en el blanco uniforme de la enfermera cuando ésta se inclina por encima de ella para tomarle la temperatura a Anna.

–¿Cómo te encuentras? ¿Cuándo irás a casa? –pregunta Glady Joe.

–Dentro de un par de días. Van a venir a verme unas señoras que cooperan con la iglesia –«las que se encargan de la adopción». Anna no dice esto último porque no piensa pemitirles que se lleven a su bebé. (La señora Rubens había hecho alusión a la «vergüenza» de criar a una niña sin padre, y Anna había querido gritarle que no podía sentirse más avergonzada de lo que la gente del pueblo ya la había hecho sentirse por el hecho de tener diecisiete años, ser soltera y estar embarazada. La habían tratado de ese modo durante tanto tiempo que ya se había acostumbrado y ahora apenas la afectaba.)

–Oh –exclamaba Glady Joe.

–¿Adónde piensas ir? –pregunta Hy.

–Me buscaré una habitación y un empleo.

–Tal vez mamá... –continúa Hy volviéndose hacia Glady Joe, que le lanza una mirada. La voz de Hy se va apagando–: Tal vez no.

–No penséis en ello –dice Anna al tiempo que mece con suavidad a Marianna en sus brazos. Se siente cansada y adormilada.

Glady Joe baja los ojos.

–Lo que sea mejor para ti –dice, y luego añade–: Te he traído una cosa. Un librito que me dio Arthur y a quien se lo pasó otra persona; sea como fuere, se titula *Renacimiento* y contiene varios relatos que creo que te gustarán.

Anna lo coge y advierte que es una publicación que Pauline ya le ha enviado. Son relatos escritos por negros norteamericanos en Nueva York. Pero el gesto de Glady Joe la emociona.

–Gracias –dice.

Anna encuentra un empleo de contable en la tienda de baratillo de Grasse. Al principio, disfruta con el reto de hacer cuadrar las cuentas, de apuntar las entradas del día en el libro mayor. Pero esto pronto se convierte en una rutina, una tarea que podría realizar dormida. Ni siquiera la paga es muy buena, y se pasa el día confinada a solas en un despacho de la trastienda, sofocante y sin ventanas. Se le ocurre que lo que hace se parece bastante a las tareas domésticas; es decir, los mismos cometidos día tras día, y al final de cada jornada, las cifras no reflejadas en el balance pero correctamente sumadas. A pesar de que las cosas que ha de hacer son variadas, siempre se repiten a lo largo de la semana. («El lunes cambiar las sábanas, el martes hacer la colada, el miércoles fregar los suelos, el jueves quitar el polvo, y así sucesivamente.») El debe y el haber. El balance. Las tareas domésticas. Descubre que estar sentada todo el día es tan cansado como trabajar de pie. Y como es la única persona de color en la tienda, no tiene amigos. A veces se pregunta si le dieron este empleo para hacer un favor a alguien que no es ella.

Pero por suerte cuenta con Glady Joe, que de vez en cuando pasa a verla por el establecimiento. O se presenta en el cuarto que Anna ha alquilado, para jugar con Marianna. Glady Joe está saliendo mucho con Arthur Cleary, alimentando con ello el rumor de que en verdad son novios.

Cuando Glady Joe quedó embarazada de los gemelos, Francie y Kayo, le pidió a Arthur que contratara a Anna para que la ayudara. De modo que Anna se presentó ante la puerta de los Cleary con Marianna, su hijita de tres años, a la que cogía de la blanda y gordezuela mano. Y volvió otra vez a vivir bajo el mismo techo que Glady Joe.

Si Anna resultaba atractiva, Marianna era extraordinariamente hermosa, pues había heredado la elegancia de movimientos de su madre, los mismos labios carnosos; y los ojos garzos de su padre. Su piel no era tan oscura como la de la madre ni tan clara como la del padre. Tenía el cabello más suave y liso, pero las manos como las del padre; la sonrisa tan bonita como la de Anna y la misma figura de ésta, algo más espigada, pero igualita.

Incluso de niña, la belleza de Marianna hacía que la gente se parase a mirarla en la calle. El tipo más común entre los ciudadanos de Grasse es una persona de raza blanca, gruesa, acomodaticia, entrada ya en la madurez antes de haber cumplido los treinta años. Las mujeres se casaban tan jóvenes, trabajaban con tanto ahínco junto a sus maridos igualmente laboriosos (a veces de carácter difícil) manteniendo la casa, cocinando y criando a los niños, que descuidaban su aspecto físico hasta que el esfuerzo requerido para recuperar su buen parecer se les antojaba insuperable. Pero incluso en los días más flamantes de sus años mozos hubieran desmerecido frente a la beldad que era Marianne, la preciosa y radiante hija de Anna, quien trabajaba de criada en casa de Arthur y Glady Joe Cleary.

Anna volvió a convertirse en el testigo fantasmal del Sueño Americano; no muy distinto al de la casa de los Rubens, aunque Glady Joe ya le explicó: «Esta casa no es la de mi madre». Anna asintió con la cabeza, deseosa de acabar de lavar la ropa a fin de poder acostar a Marianna y ponerse a trabajar en su nuevo quilt. Éste, que también iba a ser para Marianna, constaba de una multitud de zapatos de toda clase de formas, tamaños y colores, cosidos en appliqué. A Glady Joe le gustaba más que la *Estrella rota*, que era un diseño tradicional. En cambio, el quilt de zapatos era un invento de Anna.

A continuación confeccionó el quilt *Hojas del bosque*, de tonos verdes y pardos, con un árbol muy alto a un costado y el resto del quilt cubierto de hojas que revoloteaban en todas direcciones, como si alguien las hubiera lanzado al aire de una patada. Éste era asimismo para Marianna.

Ahora Anna se está haciendo para sí misma un quilt en el que figuran unas constelaciones inventadas por ella y realzadas por el fondo azul oscuro. La figura predominante es la estrella polar. Glady Joe todavía lee para Anna de vez en cuando, pero únicamente por la tarde, cuando Francie y Kayo están durmiendo la siesta en sus cunas y Arthur se encuentra en la oficina. Actualmente, Glady Joe dedica las veladas a Arthur, y también los gemelos requieren su atención. Anna y Glady Joe leen y hacen patchwork en la galería, desde donde Anna puede vigilar a Marianna mientras la niña juega en el jardín; la observa revolcarse por el suelo («No toques nada –le ordena Anna–, trata las flores con cariño», y Marianna alza los ojos hacia su madre, tratando de comprender lo que ésta le dice, sopesando si éste es un buen consejo que merece la pena seguir), aplanar la tierra alrededor de la base de las plantas y probar con la lengua el barro que se le ha metido bajo las uñas. La niña comprueba también el gusto de la hierba y levanta entre los sucios deditos una lombriz que suelta al instante (como si estuviera ardiendo) para limpiarse con asco las manos frotándoselas vigorosamente en la pechera del vestido. Pero Anna advierte que el sabor de la tierra le causa a Marianna un extraño placer.

Anna suspira por tener un hombre con el que engendrar otro hijo. Un hermanito para Marianne, junto al que ésta pueda criarse; a Anna le preocupa que Marianna vaya a crecer desconectada de los niños que la rodean, incapaz de hallar a alguien de su propia sangre. A veces su hija da la impresión de estar aburrida, pero Anna debe reconocer que no parece sentirse sola. Quizá sea únicamente Anna la que padece la soledad.

Glady Joe ha adquirido más habilidad en la labor de patchwork y da muestras de disfrutar con ello. De hecho, parece apenarse un poquito cuando Francie y Cayo se despiertan de la siesta poniendo fin al tiempo dedicado a la costura.

Glady Joe se encarga del trabajo más tedioso y pesado del quilt, permitiendo así que Anna dedique sus energías al diseño y a los detalles. Ésta se vuelve más atrevida e introduce novedosos diseños: barcos de vela voladores despiden torrentes de luz de sus costados; las flores adquieren pies y deambulan por misteriosos desfiladeros; figuras abstractas estilo Miró salpican grandes fondos de color espliego, escarlata y ámbar. A Glady Joe no parece molestarle la tarea que le toca realizar en los quilts. Aprende de prisa.

Siguen leyendo en voz alta: *Bañada de luz*, de Hurston, y otros relatos.

Ocurren simultáneamente dos cosas: Glady Joe funda su círculo de costura en el que Anna oficia tácitamente de jefe y profesora; Anna, la negra, y Glady Joe, la blanca, se encuentran en pie de igualdad. Anudan una auténtica amistad porque comparten cosas y se complementan;

ninguna de las dos asume únicamente el papel de quien consuela o es consolada; la una no se limita a recibir mientras que la otra se dedica a coger. Se trata de un intercambio. Como es natural, Anna reconoce que su posición está cambiando en el país con la llegada de los derechos civiles, pero ella ve esos derechos como una exigencia y un regalo, cuando no deberían ser ni lo uno ni lo otro. Los negros norteamericanos no deberían tener que exigir, suplicar o engatusar, pero tampoco los norteamericanos blancos deberían gozar de la posibilidad de negar u otorgar. Además, está la cuestion de la «gratitud»; uno de los bandos desea que el otro se muestre agradecido, pero este otro bando es incapaz de explicarse qué es exactamente lo que ha de agradecer. De forma que, aquí, en la pequeña localidad de Grasse, Anna consigue, a su propia manera, la igualdad. Y que alguien intente disuadirla o tratar de arrebatársela. Que lo intente.

Luego tuvo lugar aquel desagradable suceso, cuando James Dodd se estaba muriendo y Glady Joe casi acabó destrozando todos los objetos frágiles que había en su casa. Desde luego, para Anna, que llevaba la casa (lo mismo que llevaba los libros de contabilidad en la tienda de baratillo), no era ningún secreto que Arthur y Glady Joe dormían en distintas habitaciones. («Vaya, si yo tuviera un hombre que fuera mío –reflexionó Anna en voz alta una tarde–, lo mantendría cerca de mí todo el tiempo, disfrutaría de su cálido aliento y su contacto me emocionaría. Intercambiaríamos amor; incluso si nos halláramos a kilómetros de distancia, intercambiaríamos amor. Aunque él estuviera recorriendo el mundo entero, mi hombre sabría que ambos nos pertenecemos.» Glady Joe no levantó la vista de su bordado. «Sí, supongo que cabría pensar eso.»)

Después, llega esa noche en que James está en el hospital y Hy acude a casa de Arthur y Glady Joe, donde los tres deciden mirar diapositivas. Cuando Arthur está preparando el proyector, Anna le oye decir:

–¡Demonio de bombilla! –Luego, dirigiéndose a Glady Joe–: ¿Te has acordado de comprar bombillas de repuesto?

Hy atraviesa a toda prisa el comedor e irrumpe en la cocina, donde se encuentra Anna, para servir unas bebidas mientras Glady Joe busca una bombilla decente y Arthur manosea el proyector.

–Sé lo que hay entre Arthur y tú –le susurra furiosa Anna.

Hy no es tan estúpida como para responder algo así como «¿A qué te refieres?», al igual que haría una dama del Sur ofendida y lloriqueante. Sostiene impertérrita la mirada de Anna y dice:

–De hecho, no creo que lo sepas.

–Nadie espera que lleves una vida ejemplar, tan sólo una vida sin engaños.

–Anna –dice Hy–, te conozco de toda la vida, o casi, y te quiero como si fueras de la familia, pero este asunto a ti no te incumbe.

–Ya veo cómo quieres a tu familia.

–Si tú estuvieras casada –dice Hy–, si tu marido se estuviera muriendo...

–¿Quieres decir que comprendería lo que significa la pérdida? ¿Lo que significa desear tener a alguien que sea tuyo? Para ser una persona que me conoces de toda la vida, me sorprende lo poco que comprendes. ¿Crees que eres la única a quien le han dicho: «No, no puedes tener esto»? ¿Crees que eres la única a quien Dios ha dado de lado? –Anna empieza a temblar–. Mira, hazme este favor: no me quieras como si fuera de la familia, ¿entiendes?

Glady Joe y Hy están sentadas en el sofá y detrás de ellas Arthur maneja el proyector, mientras que Anna permanece oculta entre las sombras del comedor. Esta noche quieren ver fotografías de James, que yace, moribundo, en su cama del hospital.

En la pantalla aparece Hy, justo después de dar a luz a Will; el bebé mira a su madre sin ningún interés. Pero Hy dirige toda su atención a Will, a pesar de que James está junto a ella. Hy lleva un vestido negro muy sofisticado, unos aros de oro en los lóbulos agujereados de las orejas y una gargantilla también de oro que es una pieza exclusiva. Tiene el pelo recogido en la nuca con un cordón de terciopelo negro y los ojos ocultos tras unas gafas de sol de cristales reflectantes. El estilo de James es más propio de Grasse, pues lleva camisa blanca de vestir, tejanos y botas de trabajo.

–Dios mío, qué pinta tenemos –dice Hy soltando una carcajada–. Parece mentira que yo me vistiera así en este pueblo.

–Sí –dice Glady Joe–, pero estabas magnífica. De verdad.

–Y James –continúa diciendo Hy– parece estar dudando entre ser un agricultor o un hombre de negocios. Pobre James.

–Esperad, esperad un momento –dice Arthur escudriñando una diapositiva a la luz de la lámpara antes de deslizarla en el proyector–. Seguro que os acordáis de ésta.

De pronto se ve a los cuatro sentados ante una mesita diminuta en el Coconut Grove de Hollywood, allá por 1963. Están bebiendo martinis y manhattans dulces, sin saber que esos cócteles han pasado ya de moda. Tanto Hy como Glady Joe, ambas ya cuarentonas, parecen no tener edad; podrían ser mucho más jóvenes o un poco mayores; las dos han alcanzado ese punto de sazón que les confiere resplandor y gracia, un estado que a la mujer le llega por primera vez cuando es muy joven y que la vuelve a embellecer por segunda y última vez en la edad madura.

El vestido negro de Glady Joe es de escote bañera con tirantes muy finos, y en uno de ellos se ha prendido un broche de jade y rubíes. Lleva el pelo enroscado en lo alto de la cabeza, al estilo francés. Hy, por su parte, relumbra en su vestido de terciopelo negro bordado de cuentas de vidrio. Luce de nuevo la gargantilla de oro y lleva unos pendientes antiguos de esmeraldas; James se los ha regalado por su aniversario de boda, la efemérides que ellos cuatro están celebrando esa noche. James tiene un brazo apoyado en la mesa y con el otro abraza los hombros desnudos de Hy. Sonríe a la cámara, pero es fácil predecir que en cuanto el obturador haga «clic» se volverá absorto hacia su resplandeciente esposa. Glady Joe y Arthur no se tocan, contemplan sonrientes a Hy y a James con los ojos enfocados en la misma dirección y sin que sus miradas se crucen.

–Dios, eso sí que fue divertido –dice Hy–, estar lejos de Grasse durante todo un fin de semana.

–¿Os acordáis del Ambassador? –pregunta Arthur.

–Lo recuerdo –dice Glady Joe, mientras trata de contener la ira que está surgiendo en su inteior al mirar este documento de sus vidas, ahora convertido en falso gracias a su marido y su propia hermana. No desea revelar su estado de ánimo. Continúa tranquilamente sentada, como si no sintiera nada.

Más diapositivas, éstas de Will, que lo muestran sucesivamente como un bebé, un crío que empieza a andar, un niño, un adolescente y un estudiante universitario. Diapositivas de Gina. De Francie y de Kayo. Diapositivas de Finn, la hija que tuvo Will con una chica de nombre Sally, que creía en el amor libre y no era partidaria de atarse con compromisos oficiales. («Pero tenéis una criatura –insistió James cuando le anunciaron que bajo ningún concepto querían casarse–. La naturaleza no tiene una atadura más fuerte que ésta. ¿Por qué no darle vuestro apellido? Contestadme. Explícamelo para que lo entienda, Will.» Hy hace una mueca al recordar a Will precipitándose fuera de casa con Sally y la pequeña Finn mientras dice: «Limítate a darle a tu nieta un beso de despedida, *James*». Eso le partió el corazón a James, el que se llevaran de su lado a su nieta y oírse llamar «James» por su hijo, que nunca volvería a llamarle «papá»; y que casi escupió el nombre de su padre con no disimulado desprecio. Resulta absurdo pensar que Will y Sally acabaron casándose, sólo para divorciarse poco después.)

Contemplan fiestas de cumpleaños en las que James va disfrazado de El Zorro; Navidades en las que Arthur hace las veces de Santa Claus. («Claro que no soy el verdadero Santa Claus –les dijo a Will, a Gina y a Francie y Kayo, que siempre pasaban juntos la Nochebuena–. soy sólo uno de sus ayudantes.»)

Fotografías del nuevo despacho de James o del nuevo edificio de Arthur; fotos de inversiones, como un pozo de petróleo o una plantación de cítricos.

Ven disfraces de conejo de Pascua; maquillajes de Halloween, cuando en la noche de Todos los Santos James salía con los niños, dejando a Hy en casa para repartir caramelos a los chiquillos que pasaban por las casas pidiendo golosinas. Aniversarios, cumpleaños, comidas de vacaciones. Cambios en el mobiliario de sus respectivos hogares, donde el estilo primitivo americano daba paso al danés moderno, que más adelante contenía varios muebles japoneses tan bajitos que casi estaban a ras de suelo; lo mejor de cada época permanecía siempre para mezclarse con las nuevas adquisiciones. Los cuatro ascendían continuamente en la escala social, sin mirar nunca atrás. Con el tiempo los variados gustos y etapas de sus vidas se veían reflejados en sus casas, donde los objetos embarazosamente cursis se codeaban con los de estilo refinado.

Anna está de pie detrás de ellos mientras observa la pantalla desde el comedor. Se ve a sí misma sirviendo pastel o posando junto a Marianna en el jardín. Marianna tiene unos buenos diez años más que los demás niños. Está solemne, elegante y maravillosa. Anna parece algo avergonzada por hallarse a su lado.

Después de la ceremonia de entrega de diplomas de bachillerato que tiene lugar en el instituto donde estudia Marianna, la pantalla muestra la cena con que celebran el acontecimiento en casa de los Cleary; en la siguiente diapositiva se aprecia la emoción de Marianna al enterarse de que ha sido admitida en un instituto universitario de estudios agrícolas situado en el norte (de momento la joven ignora que la matrícula la pagan conjuntamente su madre y Glady Joe).

Mientras Anna contempla ese sumario de sus vidas se siente un poquito apenada por no haberse dejado retratar más a menudo..., como si al esquivar el ojo de la cámara hubiera podido negar lo inextricablemente unida que estaba su existencia con las personas de las fotografías. «Vamos, no existe ningún modo sencillo de mostrar la biografía de uno de nosotros sin incluir la de todos los demás.»

Pero principalmente piensa: «Mi Marianna era una niña preciosa», y su corazón expresa su adoración con unos latidos tan violentos que parecen capaces de derribarla. «Mi Marianna.»

INSTRUCCIONES Nº 7

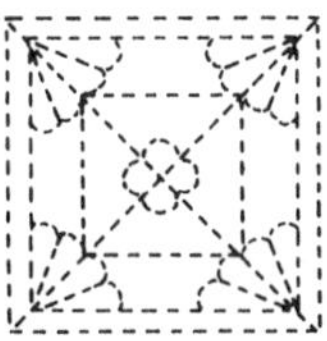

Recoge un surtido de tejidos: terciopelo, raso, seda, algodón, muselina, lino, tweed, batista de camisa de hombre; mézclalo con un surtido de artículos de mercería: botones, encaje, otomán, o gruesa cinta de seda que lleve litografiados paisajes urbanos, appliqués de flora y fauna, casitas de campo de luna de miel y nubes. El relleno será de: plumón, algodón de Java, algodón en rama, espuma, medias viejas. Coloca entre el forro y la parte superior una buena extensión de guata; cose las tres capas con hilo de seda, hilo de bordar, hilo de nilón. Las puntadas deben ser pequeñas y apretadas, y han de tener un diseño propio.

Al observador inexperto le impresionará la utilización del color, el proyecto, el appliqué y el diseño, pero la persona que entienda de patchwork tomará la labor entre los dedos y examinará las puntadas. O quizá despliegue el quilt y analice el esquema general trazado por las puntadas. La labor puede representar pájaros y flores y corazones en llamas y flores de lis. Puede parecer cualquier cosa. Aunque la mujer que no haya hecho patchwork reconocerá el excelente trabajo de artesanía, no se percatará de él de un modo consciente; sólo intuirá que está viendo una labor extraordinaria y atribuirá esa impresión al ingenioso contraste de colores y telas.

Considera el hecho de que algunas rosas no pueden sobrevivir en el entorno en el que han nacido. Considera el hecho de que al injertar una planta delicada en una especie más resistente probablemente se obtenga un rosal de calidad superior..., uno que no solamente soportará el entorno hostil, sino que se desarrollará de maravilla en él.

Al injertar nogal inglés en nogal negro se obtiene una nuez cuya carne es menos oleaginosa. La naranja amarga empleada como base para la naranja llamada «mars» es prácticamente incomible, mientras que el fruto de la variedad mars es muy dulce.

Si el nogal del Brasil acepta el injerto de haba de soja, el fruto será mucho más nutritivo y muy rico en proteínas.

El cuchillo especial para injertos es parecido al cuchillo de limpiar pescado, con su hoja curva y afilada.

Para cortar costuras se emplea un cuchillo de hoja circular y afilada unida a un mango largo.

Éstos son tus utensilios: un cuchillo para injertos, una tabla plana provista de ruedas, guantes y delgadas tiras de goma de color blanco. Eso es todo. Los requisitos para el proceso de injertar son sencillos, sin adornos y bien definidos. No hay pregunta que no tenga respuesta.

Excepto: ¿por qué una rosa iba a germinar en un terreno hostil? ¿Por qué busca en él su vida sólo para descubrir que no puede sobrevivir ahí? Pero no pienses ahora en eso.

Los almendros de San Joaquin Valley tienen los oscuros troncos unidos a una base blanca. Eso es porque los pintan de blanco. Lo hacen para distinguirlos mejor en las sombras de la arboleda y no tiene nada, pero nada que ver con los injertos, aunque pueda parecer lo contrario. Es para diferenciar la base de las raíces del resto del tronco.

Comprendes estas divisiones, esta fusión de dos elementos distintos.

La gente comenta tu belleza. Deseas manifestar que eres el resultado de una polaridad de colores de piel y de culturas; que constituyes la espléndida y desasosegada suma de todas tus partes; que eres eso que tanto teme la gente, una mezcla poco corriente. Pero el conjunto que eres tú está tan desprovisto de costuras, es tan liso, que nadie –incluida tú misma– advierte dónde terminan las líneas de tu padre y dónde comienzan las de tu madre.

Para realizar un injerto de yema o «de escudete» es necesario practicar una incisión en forma de «T» en el portainjerto. Eso debe hacerse en un lado del tallo, justo debajo de la yema u «ojo», como se lo denomina vulgarmente. Asegúrate de que el injerto contenga también una yema. Toda la información que el rosal necesita está presente en la yema. Bien. Ahora, inserta el escudete en la incisión en forma de «T» que has practicado en la base del tallo, cerca del suelo. La planta debe aparecer como un todo, no como dos trozos separados; la fusión debería crear una impresión de unidad.

Toma una tira de caucho de color blanco. Hazle un agujero. Envuelve firmemente con ella la zona del injerto (una horquilla la mantendrá en su sitio). Eso servirá para evitar que se infecte o se ensucie. Recuerda: el escudete y el patrón han de acoplarse limpia y perfectamente. Si no encastas el escudete lo bastante cerca de la base del tallo, allí donde la planta se hunde en el suelo, el injerto se secará y no prenderá.

Con respecto a la afinidad perfecta..., es de hecho más importante para el injerto de árboles que de rosales, pero eres una perfeccionista nata y te repugnaría realizar una unión chapucera.

Recuerda los nombres: brotes primarios, brotes de

meristemo, la yema u ojo. El ojo lo sabe todo. El ojo hace las veces de memoria biológica. Pronto el injerto prenderá y podrás quitar y desechar la tira de goma.

Las rosas procedentes de injertos pueden encontrarse en los bordes de carreteras municipales, en vestíbulos de edificios, en viveros o en las manos de amantes, que se las van pasando de uno a otro.

Fusión, unión, injerto, alianza, sexo, amistad, amor: la ardua combinación de elementos dispares.

Ley de Virginia, 1753: La criada que conciba un hijo engendrado por su amo será vendida al término de su embarazo por los administradores de la iglesia y por un período de un año. La mujer blanca, cristiana y libre que dé a luz a un hijo engendrado por un negro o un mulato deberá pagar quince libras al administrador de la iglesia o ser vendida por este precio por un período de cinco años, y su hijo deberá servir de criado hasta la edad de treinta y un años. Todo matrimonio mixto entre personas de raza blanca y negra, ya sean libres o sujetas a servitud, será multado con diez libras y los contrayentes pasarán seis meses en la cárcel sin derecho a fianza.

Ley de Virginia, 1910: Todo individuo que tenga un dieciseisavo o más de sangre negra será considerado una «persona de color».

Ley de Virginia, 1924: Una persona blanca debe casarse con una de su misma raza y cualquier falsificación de los certificados de nacimiento (con fines matrimoniales) constituirá un acto ilegal y será multado.

Ley de Virginia, 1932: Cualquier matrimonio mixto entre personas de raza blanca y negra es ilegal y comporta una condena de cárcel de entre uno y cinco años.

Sur de Norteamérica anterior a la Guerra de Secesión: Los esclavos no pueden ser manumitidos a no ser que existan condiciones especiales y específicas; no deben ser enseñados a leer o escribir; no pueden realizar actos de devoción en privado; no pueden llevar armas; no pueden comprar medicamentos; no pueden contraer matrimonio y, por consiguiente, no pueden tener hijos «legítimos»; no pueden «poseer» a sus hijos o cónyuges si ellos mismos no son libres; no pueden controlar los contratos que regulan su propia venta; no pueden quebrantar un testamento que los lega en calidad de propiedad heredada a un determinado beneficiario; no pueden reunirse en grupo; no pueden mantener relaciones con personas blancas, aunque las personas blancas pueden mantener relaciones con ellos; no pueden prestar declaración ante un jurado; no pueden declarar como testigos; *pueden* ser «despojados», atados en una fila de esclavos, pasar a ser propiedad de un amo, ser violados, desfigurados y asesinados; no pueden quedarse con su propio salario cuando han sido prestados a otra persona; y (pero eso fue mucho después) no pueden asistir a la escuela, viajar en autobús, frecuentar restaurantes ni beber en ningún sitio donde se indique «sólo para blancos».

Tus quilts favoritos son los abstractos. Tratas de que te gusten los quilts figurativos, tratas de apreciar el patrón del quilt llamado *Casita de luna de miel*, el de *Regeneración del borracho* o el de *Abanicos repetidos*, pero te resulta imposible. Prefieres el quilt que hace pensar en música o danza; las artes efímeras. Coses en tu quilt un desparramamiento de medias lunas de color púrpura o azul y sabes exactamente lo que representan. Estas figuras abstractas te parecen cuadros, aunque las del círculo de costura no opinan lo mismo que tú. Te acusan de rechazar la tradición. Tú alegas que estás creando tus propias tradiciones, que son correctas... La palabra «tradición» tiene muy poco sentido para ti.

Y tú, nacida en 1935, estudiante universitaria en 1953,

sientes a un tiempo afecto y desagrado por ese lugar en el que has nacido, esa tierra hostil. Porque nada ha cambiado realmente durante tu vida; porque llevas en tus venas más de un dieciseisavo de sangre negra; porque comprendes la teoría y la práctica de «separados pero iguales»; porque tu vida cotidiana y biológica está tan imbricada en un mundo que al parecer desea olvidar tu existencia; porque no puedes viajar libremente por Estados Unidos; porque te consideran negra; porque Rosa Parks todavía no ha realizado su famoso trayecto en autobús; por todo eso junto, porque eres instruida y negra y blanca y no se te acepta en esta población donde has nacido; porque entiendes, históricamente, cuál es tu situación vas a abandonar este lugar.

Te trasladarás a otro sitio, para hacerte fuerte.

Un día regresarás y confeccionarás quilts, como hacía tu madre y como hizo la madre de tu madre, y todas las mujeres se sentirán convenientemente impresionadas al ver la destreza con que juntas tus trozos de tela. Pensarán que tu madre fue una buena maestra.

Injertar rosales

Marianna tiene más adoradores de lo que ella cree; es decir, la admiran desde lejos. Estos pretendientes la cortejan en secreto, en el refugio seguro de sus sueños. Cuando la ven sentada en un café o caminando hacia su puesto de trabajo en el vivero o comprando pan para la cena, piensan: «En mis sueños estamos juntos», y después vuelven a su casa donde los esperan la esposa, los hijos o la novia. Es algo inofensivo; jamás se les ocurriría imponerle su presencia; ella no es más que una ilusión pasajera. Porque tiene un aspecto tan exótico, además de ser una expatriada, y además de ser una mujer que realiza una tarea de hombre, en un lugar donde no trabaja ninguna mujer. Porque es difícil distinguir a primera vista su ascendencia. Porque camina con la misma gracia de su madre, Anna Neale, que está en su tierra natal que es Grasse, en Estados Unidos.

Lo que sus admiradores no saben ni pueden saber, es que incluso sus amantes reales no pueden poseerla, no pueden afirmar que es suya y sólo suya. Eso les hace sentirse desdichados y confundidos.

Porque para Marianna, los votos matrimoniales son tan sagrados como una promesa hecha en el lecho de muerte.

Sus amantes tampoco saben nada de eso.

Cuando Marianna ingresó en la escuela de estudios universitarios, Anna ya no vivía en casa de los Cleary, y sólo acudía esporádicamente a los nuevos hogares de Glady Joe y de Hy para prepararles la cena. Una vez a la semana iba a casa de Glady Joe, donde se reunía el Círculo de Costura de Grasse que Anna dirigía. A la sazón se ganaba bastante bien la vida confeccionando y vendiendo plantillas de quilts en el pueblo. Les decía a sus clientas (algunas de las cuales venían desde muy lejos): «Sí, podrían encargar por correo una plantilla, pero las mías son mejores porque son especiales. No están hechas en serie». Anna tenía este don: nada más conocer a una mujer podía plasmar su vida en una hoja de papel de seda, que luego se utilizaba como plantilla para un quilt muy personal. Anna era siempre capaz de comprender al menos un elemento importante de la manera de ser de su clienta..., quizá no llegara a comprender a esa mujer en su integridad, pero al fin y al cabo las confeccionistas de quilts trabajan con pedazos y retales.

En ocasiones, si una mujer especialmente odiosa acudía a verla, Anna representaba su personalidad de un modo totalmente opuesto; si esa mujer era una golfa, Anna le hacía una plantilla propia de una santa. Imagínate lo que las amigas de la lagarta pensaban cuando ella desplegaba con orgullo su quilt mientras decía: «Ésta soy yo». Miraban alternativamente al quilt y a la mujer, preguntándose cómo podía ésta ser tan ciega para no verse a sí misma, cómo podía sentirse halagada por un insulto tan sutil.

El temple de Anna nunca se debilitó; ella nunca se rindió. Marianna heredó su fuerza interior, su facultad de guardar los propios secretos. No resultaba fácil intimar con Anna ni con Marianna.

Marianna se decía: «Nunca haré de ama de casa para nadie». Para Anna fue cosa de la suerte y de su propio talento el que consiguiera convertir su relación con Glady Joe en un negocio y un círculo de costura.

–¿Por qué sigues cocinando para esa gente? –le preguntó Marianna.

–Porque soy una cocinera muy buena –le contestó Anna.

–No sé por qué lo haces. Ya sé que se trata de un trabajo honrado, pero ahora tienes tus propias cosas. Cosas que te pertenecen.

–Tienes razón –dijo Anna–, pero Glady Joe y yo nos conocemos desde hace mucho tiempo. Lo sabes de sobra. Y el dinero también ayuda.

–Yo puedo darte dinero –dijo Marianna.

–Quizás es que quiero ganármelo –dijo Anna.

Marianna creció y fue a estudiar a una escuela universitaria de agricultura, en el norte de California, decidida a regresar después a Grasse (Bakersfield es el «cesto de pan del mundo»). Pero cuando obtuvo su título en 1953, ni un solo granjero en todo el condado de Kent quiso contratarla. «¿Una mujer? –decían–. ¿Una mujer negra? Ni hablar.» A veces se reían o no le prestaban atención o la llamaban encanto.

Nunca nadie le sugirió a Marianna que tratara de «comprender» el punto de vista masculino. Nunca nadie le dijo: «Oye, es porque son ignorantes». Anna le aconsejó: «No hagas caso de esas estupideces». De todos modos, a Marianne no la habían educado para que «hiciera caso». Fue criada por una madre que poseía una habilidad extraordinaria para confeccionar quilts y tenía su propio negocio.

A veces, la gente decía: «Qué raro que Marianna quiera trabajar en la agricultura, con los cultivadores en el campo». Y Anna respondía: «¿Por qué ha de ser raro? ¿Porque es una mujer? ¿Porque es negra?». Y la gente se encogía de hombros y decía: «Por las dos cosas».

De modo que Marianna acabó cuidando rosas en el sur de Francia, muy cerca de un pueblo llamado Grasse («Me gusta esa simetría», decía riendo), para una empresa que suministraba rosas a una gran parte de Europa.

Las rosas de cultivo y las rosas pitiminí se crían en invernaderos. Las de jardín y las que se plantan en el exterior se crían al aire libre. Marianna se tumba en una tabla con ruedas y se desliza despacio a lo largo de los surcos para injertar rosales; se echa boca arriba para no dañarse la espalda.

Marianna recuerda que le han dicho que sabrá cuando se ha enamorado porque en presencia de él se sentirá eufórica. O quizá lo haya leído. En cualquier caso, ésta es su definición del amor: dos personas que se sienten eufóricas cuando están juntas. Le gusta esa idea; espera sentir algo así.

Marianna lleva cinco años viviendo en Francia y se encuentra viviendo con un hombre y manteniendo una apasionada relación amorosa con otro. Por las noches vuelve a casa junto a Alec, quien, como ella, es norteamericano. Él le masajea los hombros, que son fuertes y anchos debido a los años que ha pasado haciendo injertos; le recorre con la lengua el final de su cansada espalda. Alec siempre tiene la facultad de hacer que su corazón palpite más de prisa. Por la noche, en la cama, suele leerle en voz alta, en ocasiones después de haber hecho el amor, procurándole el lujo de adormecerse acunada por el sonido de su voz maravillosa. A veces discuten, intercambian palabras airadas, de esas que no se olvidan, pero eso no ocurre a menudo. Es decir, no socava su relación.

Alec y Marianna viven en las afueras de Antibes. La casa es como una estructura edificada por azar en medio de un jardín agreste cubierto de rosas y hierba. Ese paisaje tan poco civilizado, con sus aromas y su variedad de colores y formas, deja deslumbrada a Marianna. La casa de ladrillos descoloridos por la intemperie está rodeada de un porche enorme, pero todo el conjunto parece destinado a convertirse en una vivienda abandonada, y uno tiene la impresión de que el campo se apropiará del jardín dentro de poco.

El primer día que pasaron allí, Alec salió al jardín cargado con dos botellas de vino tinto.

–Es italiano –dijo, luego se dejó caer de rodillas en la hierba alta que nadie segaba y empezó a quitar el tapón con un sacacorchos.

A Marianna le resultó incómodo estarse allí plantada mientras ese hombre se afanaba a sus pies, y enseguida se sentó a su lado, embargada de un inesperado deleite al sentir el calor de la tarde y la caricia de la hierba en sus piernas.

–Creo que este sitio llegará a gustarme –le dijo a Alec con una sonrisa.

–Es como estar en el cielo –convino él, pasándole la botella ya abierta. Contempló a Marianna mientras ella bebía un largo trago de vino, con el liso cuello arqueado hacia atrás y los ojos cerrados.

Por primera vez en la vida, Marianna experimentó la dulzura del amor. Se solazaba en la calidez del afecto de Alec y de resultas de ello se volvió más hermosa. Estaba convencida de que eso era lo que siempre había estado esperando, y consideró que su vida estaba dividida en dos partes: la vida antes de Alec, y la vida después de conocer a Alec. Se preguntó cómo era posible que su madre viviera sin nadie que la adorara y a quien poder adorar.

Luego Marianna conoció a Noe, que no se parecía en nada a Alec, pero que sin embargo la atraía. Lo habían trasladado a su sección y al principio sólo fue un compañero más. Charlaban de su trabajo, de jardinería, de Francia y de Norteamérica. Discutían desde puntos de vista muy distintos: a veces Noe hería su sensibilidad con su perspectiva tan agresiva. Empezaron a comer juntos sobre los antiestéticos bancos de madera que había detrás del invernadero principal, o bien él traía el almuerzo y llevaba en coche a Marianna hasta el mar, donde se sentaban muy juntitos en el borde del malecón, lamentando tener que regresar al vivero para completar la jornada de trabajo. Imperceptiblemente, en sus conversaciones pasaron de tocar temas generales como el trabajo o la política a profundizar en lo personal. Marianna notó y no notó ese discreto cambio; Marianna estaba a un tiempo asustada y encantada.

Se dijo que quería a Alec, que sólo podía amar a un hombre a la vez; que quería a Alec porque era muy bueno con ella y, además, porque ambos eran norteamericanos, cosa que les permitía comprenderse mejor. No obstante, Alec era blanco.

Por otra parte, Noe era negro, y comprendía la negritud de ella, pero era francés y tenía respecto de Estados Unidos muchas ideas equivocadas a las que se aferraba con énfasis y tesón, sin hacer caso de lo que ella decía.

Así, una tarde, Noe le estuvo cepillando a Marianna los ondulados cabellos («Supongo que te vienen de tu padre», dijo, porque había visto una foto de Anna), luego se los levantó sobre la nuca y empezó a cubrirle de besos la columna vertebral.

–Deja a tu amante y vente a vivir conmigo –le dijo.

Se estaban vistiendo para regresar al vivero después de haberse saltado la comida, porque preferían pasar ese rato en el piso de Noe.

Marianna no supo qué decir, así que no dijo nada. Fingió no haber oído. Estaba tratando de asimilar lo que acababa de descubrir acerca de sí misma: que podía seguir amando profundamente a Alec y al mismo tiempo desear a Noe. ¿Quería ella a Noe? Eso de tener un lío con dos hombres a la vez la asqueaba; estropeaba la relación que tenía con Alec y embrollaba lo que sentía por Noe; se dijo que lo que ella había tomado por el Gran Amor no lo era, que nada era real.

En casa se tornó irritable. Criticona e inquieta. Cuando Alec intentaba tocarla, ella le apartaba bruscamente la mano diciendo: «Déjame en paz. Para ya de atosigarme todo el tiempo».

Marianna se fijaba en todos los actos de Alec que podían resultar molestos, cosas que una amante nunca vería, y mientras en el trabajo hacía rodar su tabla a lo largo de los surcos, empezó a pensar en abandonar a Alec. Pensó en romper con Noe. Mientras tumbada boca abajo envolvía el tallo con tiras de blanco caucho para resguardar el nuevo esqueje contra la infección, descubrió que estaba en una posición insostenible, porque quería a dos hombres cuando antes había creído que únicamente podía querer a uno.

En medio de aquella turbulenta vida amorosa, Marianna se planteó la idea de volver a su país. A la gente cada vez le costaba más determinar los orígenes de ella. Sabía que, si lo deseaba, podía «dar el pego», podía pasar por blanca, pues tanto se parecía a su padre como a su madre, aunque había heredado aquel grácil y tranquilo caminar de Anna y su afinidad con la luna.

Pero rehusaba negar su herencia afroamericana, ya que eso equivaldría negar a Anna, y no pensaba hacerlo; ¡de dónde iba ella a actuar como si su madre nunca hubiera existido! Consideraba que la sangre de Anna era la parte mejor de sí misma, algo que no se debía falsificar. Habría sido traicionar aquel lánguido modo de andar.

Ciertamente, era muy raro el hecho de que, a medida que su rostro iba madurando, sus rasgos fueran adquiriendo un aspecto anglosajón, como si tampoco su procedencia blanca pudiera pasarse por alto, y su cuerpo se había convertido en una especie de campo de batalla silencioso, en el que el legado de su padre iba ganando terreno, de un modo lento pero inexorable. Resultaba aterrador ver en sí misma a aquel hombre que nunca llegó a conocer; era terrible convertirse en alguien que no conocía.

Marianna empezó a sentir una necesidad profundísima de volver junto a su madre. Para adquirir estabilidad.

Alec se enteró de que lo engañaba.

Esta noche, cuando están sentados frente a frente a la mesa de la cocina, Marianna dice:

–Técnicamente no puede llamárselo engaño si no nos hemos hecho promesas. No estamos casados. No te prometí fidelidad sexual ni tampoco te la pedí. –Sin embargo, sabe que tienen un acuerdo implícito; sabe que está matando a Alec.

–Pero yo te he sido fiel. –Los ojos de Alec se llenan de lágrimas que no llegan a desbordarse.

–No te lo pedí –repite ella. Hace una profunda inspiración y detesta el sonido de su propia voz cuando se oye proseguir–: No creo en la monogamia. Aunque en mi amor por ti siempre te he sido leal. Siempre.

–Quiero casarme contigo –dice él sin mirarla y con acento desdichado.

–Yo te sigo queriendo –confiesa Marianna.

–¿Y qué cuernos significa eso? –De un manotazo se limpia la nariz–. Si no me deseas, da igual que me quieras o me odies..., el resultado sería el mismo.

–¿Acaso he dicho que no te deseo? –protesta ella.

–Sí –confirma él–, eso es exactamente lo que has dicho.

Marianna guarda silencio mientras piensa: «Lo estoy perdiendo y no quiero perderlo». Pero no puede dejar de pensar en Noe ni de desear a Noe, que está en la cama al otro lado del pueblo, anhelando, ella lo sabe, tener noticias suyas. Ninguna resolución es viable. Todos los elementos que conforman su vida están guerreando contra sí mismos; su sangre mezclada; su americanismo trasplantado en suelo francés; la atracción que siente por el amor catastrófico (no puede amar a más de una persona a la vez); la circunstancia de ser una mujer con un empleo propio de hombres. No puede hacer de ella misma un ser entero, no puede formar una unidad por sí sola... ni unirse a nadie más.

–¿Por qué no nos vamos a dormir? –pregunta.

En la cama, Alec es incapaz de tocarla; se vuelve de espaldas a ella, envuelto en las sábanas. Durante la noche, de pronto alarga el brazo y la golpea, pero cuando Marianna se sienta en la cama dispuesta a gritarle, descubre que Alec duerme como un tronco. Eso la hace llorar, saber que despierto jamás la pegaría, pero que en sus sueños está dispuesto a hacerle daño.

Marianna hizo la maleta y le comunicó a Alec que se marchaba. Alec le suplicó que se quedara, le aseguró que ella superaría esa pasión por otro hombre, que él tendría paciencia y la ayudaría si accedía a darles a ellos dos una segunda oportunidad. Pero Marianna sacudió la cabeza. No, no podía ser. Porque había estado añorando a Noe, deseando estar con Noe, y creyó que a quien prefería era a Noe. Que quería más a Noe. Alec cerró de una patada la puerta a sus espaldas.

Marianna se quedó una semana con Noe, sólo para descubrir que seguía amando a Alec, que echaba de menos sus besos en el final de su cansada espalda. Que se sentía como vacía. Noe la acusó de ser incapaz de amar a un negro.

–Qué gracia –contestó ella–. Alec dijo que lo dejaba porque es blanco.

Pero Noe no cerró la puerta de una patada a sus espaldas, sino que la abrazó, la estrechó con tanta fuerza que Marianna temió que fuera a romperla, y después, sin darle un solo beso, le deseó mucha suerte. Incluso quedaron citados para comer, aunque Marianna sabía que ninguno de los dos acudiría a la cita, simplemente porque no había razón alguna para que siguieran viéndose.

Después de Alec y Noe vino Jaques, luego Giles, luego Michel, luego Benjamin, luego Luciano. Una y otra vez, Marianne se enamoraba, anudaba una relación y después continuaba su vida. En su interior había algo que rechazaba el matrimonio; pero Marianna no sabía qué era ese algo. Únicamente sabía que ella era capaz –no, que no podía librarse– de amar a más de un hombre al mismo tiempo, y que eso no podía ser bueno para ningún matrimonio.

En ocasiones, los hombres con los que vivía la trataban mal porque se negaba a casarse. No era sólo que se negara a casarse, sino el hecho de que dijera:

–Es que no quiero casarme, ni con Fulano, ni con Mengano ni con nadie.

Ellos la miraban con una expresión dolida y enfadada (Jaques, Giles, Michel, Benjamin y Luciano) y preguntaban:

–¿Es que para ti soy sólo Fulano o Mengano?

Durante todo ese tiempo, Alec siguió escribiéndole, pero Marianna casi nunca le contestaba. La última carta de Alec decía: «Ésta es la tercera carta que te envío sin haber recibido respuesta. No me obligues a suplicar».

Andando el tiempo, Marianna dejó de tener amantes. Decidió que era una mujer demasiado fría para ser una amante y demasiado obstinada para ser una esposa. Quería que las cosas se hicieran a su manera, y el compromiso no la atraía en lo más mínimo; Marianna, la que tenía el corazón y el alma divididos.

Se sentía dispuesta a volver a casa. Anna le había escrito contándole que para los negros había habido muchos cambios: el mensaje de amor del doctor Luther King, y el de Malcolm X que instaba a emplear los medios que fueran necesarios y que implicaba el uso de la violencia. Malcolm X decía: «Si no respondéis al doctor King cuando acude a llamar a vuestra puerta, tendréis que responder a mi llamada». Había la Gran Sociedad del presidente Johnson; manifestaciones y protestas y violencia y rabia y la muerte que nadie lloró de Jim Crow («Por fin», escribió Anna). Pero todo eso no constituía un aliciente suficiente para que Marianna decidiera regresar.

Lo que la hizo volver fue que echaba de menos a su madre y los destellos de su collar de granates al reflejar la luz. Además, Marianna se sentía más madura y más fuerte después de esa época pasada en Francia, una época que no estuvo exenta de prejuicios, aunque éstos tomaban allí una forma distinta.

Estaba cansada de practicar injertos, se había hartado de ese trabajo. Por muy bien que lo realizara, siempre debía volver a hacerlo en otras plantas. Era inútil cultivar rosas para que se sostuvieran solas; ellas necesitaban aquella base más resistente. La fusión de dos arbustos sólo puede dar una ilusión de unidad, pero nunca constituirá una verdadera unidad. Finalmente, al rememorar sus múltiples amoríos, llegó a convencerse de que indicaban un corazón frío, uno que no permitía la intimidad ni la cercanía de nadie. Es algo que la deja asombrada, porque solía pensar que sus muchos amantes demostraban su gran capacidad de amar, una capacidad tan grande que ninguno de sus amantes podía igualar. Ahora Marianna sabe que se trataba de la incapacidad de amar.

Sólo se despidió de Alec, que se mostró muy contento al verla llegar a la casa y decepcionado al saber que había venido únicamente para decirle adiós.

–No vuelvas al condado de Kern, Marianna –le dijo–. No vuelvas a Grasse. Vete a San Francisco o a Nueva York. Es allí donde deberías estar.

Pero Marianna le explicó:

–Grasse es mi hogar. Si allí no les gusto a algunos, no

tienen más que marcharse. Ya sabes que me molesta tener que adaptarme a alguien.

Alec sonrió.

–Sí –dijo–. Eso lo sé muy bien.

Cuando Marianna llegó de vuelta a California, descubrió la rosaleda de Constance. Ésta la saludaba con una inclinación de cabeza cuando Marianna pasaba delante de su jardín, y a veces Marianna se detenía para darle algún consejo sobre la poda, la tierra o el modo de eliminar los parásitos. Constance sabía que Marianna era hija de Anna y que acababa de regresar de Francia. Recordaba que Anna había hablado de ella a las del grupo de costura y les había enseñado su fotografía. En ella aparecía Marianna, sentada en el jardín bastante descuidado de la casa de un amigo, bebiendo vino, descalza sobre la hierba alta. «Es preciosa», había pensado Constance.

Anna había dicho:

–Constance, mi hija tiene más o menos tu edad. –Entonces Constance cayó en la cuenta de que la fotografía había sido tomada tiempo atrás.

Marianna, por su parte, recordaba que su madre le había mencionado en una carta a una señora que tenía «unas rosas tan bonitas que deberías verlas».

Sin embargo, esas dos mujeres no conversaban con toda libertad cuando Marianna acertaba a pasar por allí.

Constance tuvo que viajar al este para ver a su familia. Como no sabía con certeza cuánto tiempo iba a estar ausente, le pidió a Glady Joe que cuidara de sus rosas. El primer día que Glady Joe fue a casa de Constance, se detuvo en la de Anna para rogarle a Marianna que la acompañara. (Marianna había estado ocupándose del jardín de Glady Joe desde el momento de su llegada.) De modo que cuando regresó Constance, fue a Marianna a quien tuvo que darle las gracias por la lozanía de sus rosas. Después de eso, siempre que Marianna tenía tiempo, iba a visitar a Constance y las dos se ponían a trabajar en el jardín manteniendo por lo general un silencio muy cómodo.

A veces, la gente le preguntaba a Marianna: «¿Cómo es posible que tú, una mujer culta, trabajes para una persona blanca cuidando de su jardín?». A menudo, la que le hacía esa pregunta era una persona blanca.

Marianna sabía que el orgullo y la consciencia de la propia valía eran lo más importante, y que hoy en día, en 1988, no existía en todo el condado de Kern un solo granjero para el que ella estaría dispuesta a trabajar, y que aunque quizás en la vida había tenido la suerte en contra, el jardín de Glady Joe era la vista más hermosa en muchos kilómetros a la redonda.

Nadie le dijo nunca: «Marianna, Grasse es un pueblo feo y polvoriento... ¿cómo puedes hacer esos milagros en el jardín de Glady Joe?». Pues este trocito de tierra era el pequeño milagro de Marianna, su contribución a la belleza en un lugar caluroso y anodino.

Anna solucionó su vida (todo lo que puede solucionarse una vida, que a menudo no es mucho decir) y se mostró más satisfecha, un poco más sosegada y conformada. Era muy consciente de lo que su vida no era ni nunca sería; la encolerizaba la vida de su hija, pero ya no podía seguir soportando el peso de ese sentimiento. Aunque su negocio de quilts le permitía expresar su talento artístico, ganarse la vida y también el respeto ajeno, todavía no era capaz de olvidar aquel amor que sentía por la bóveda celeste, y maldecía y bendecía a un tiempo su propia juventud. Lo que podía haber sido. Todavía.

A su vez, Marianna adoptó la tolerancia de su madre. A instancias de Constance, se unió al grupo de costura. («Porque eres mi amiga», dijo Constance sabiendo que Marianna no podía saber lo raro que resultaba que ella tuviera una amiga.) A Marianna le gustaba la imperturbable independencia de Constance, una característica que no poseían las otras mujeres del grupo. Le había costado mucho esfuerzo imaginarse a Constance como una mujer casada –no parecía posible–, a pesar de que había conocido a Howell Saunders, si bien de un modo superficial. Por supuesto, Constance y ella tenían la misma edad. En cuanto a Dean; Marianna se ríe de sí misma; no, no le es posible juzgar lo que hay entre Constance y Dean..., no con lo que sabe acerca del amor.

A Marianna le atraen los quilts que muestran dibujos abstractos, los contrastes de color y de textura que parecen colocados al azar y que forman composiciones extrañas, inverosímiles. Expresan lo que ha de decir.

Anna y Marianna están en una situación desagradable, porque son al mismo tiempo negras y blancas, y aunque no les gustan demasiado los blancos, poco a poco aprenden a aceptar a Glady Joe, a Constance y el recuerdo del muchacho de Chicago. Podría decirse que parecen sentirse más cómodas con su embarazosa belleza.

Las mujeres del círculo de costura aceptaron a Anna y a Marianna, y nunca una de ellas cometió el error de decir: «Ni siquiera nos fijamos en su color; son por completo como nosotras». Fue este reconocimiento de sus disparidades lo que permitió que el grupo subsistiera, el hecho de que ninguna de ellas pretendiera superarlas. El impulso de unificar y separar, de partir y juntar, es fuerte y constante.

El Patchwork Loco

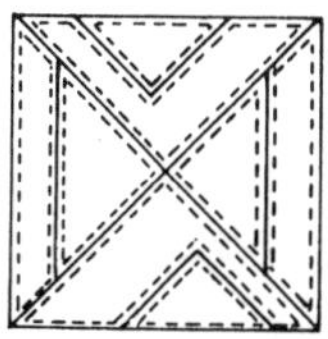

A menudo se piensa que este quilt es el más fácil de hacer, y desde luego es el más corriente. El origen del *Patchwork Loco* se remonta al siglo XIX, y sus detractores no lo consideran el más bonito ni el que demuestra mayor destreza. Algunos lo califican de mero capricho. Estuvo bastante de moda durante la Gran Depresión (en él no se desperdicia nada, ni un retal minúsculo) y continúa teniendo sus admiradores en el Medio Oeste y en el sur de Estados Unidos.

Las mujeres de tu círculo deben aportar al proyecto toda clase de trozos de tejido y de baratijas. Deben sentarse cada una en su sitio alrededor del gran bastidor de madera para coser sus retazos sobre el forro y la guata. Como ya dije antes, algunas mujeres disfrutan con la libertad de formas que les proporciona el *Patchwork Loco,* mientras que otras prefieren la disciplina y la previsibilidad de una plantilla ya establecida.

Si prestas atención, llegarás a comprender otras cosas acerca de esas hacendosas mujeres. A veces puedes adivinar lo que piensan gracias a lo que evitan decir o al modo en que lo dicen. O gracias a la disposición de los asientos que ocuparán durante la velada. Sería normal pensar que siempre se sientan en los mismos lugares, pero no es así. Ese proceso me hace pensar en una danza muy complicada en la que intervinieran muchos bailarines encarados en distintas direcciones.

Lo único que, según advertí, siempre se repetía era la breve vacilación de las demás mujeres, que esperaban a que Anna hubiera escogido su asiento.

Resulta sensato tener presente que todas ellas son mujeres corteses en el mejor sentido de la palabra y que Anna le lleva ocho meses a mi tía Glady Joe, cosa que la convierte en la mayor del grupo. Este hecho impone respeto, aun suponiendo que no lo impusiera su papel como directora de la labor. Sé todo esto porque lo he observado yo misma. Aunque no hubiera aprendido nada más en el departamento de graduados de la escuela, me enseñaron a ser un testigo concienzudo. (O tal vez, si me sedujo el departamento de graduados fue porque siempre me ha gustado observar.)

Por ejemplo, a Marianna Neale le encanta la exuberancia silvestre del jardín inglés, pero raras veces confecciona quilts de jardines y en su lugar prefiere hacer unos quilts más abstractos y de colores violentos. Algunos de ellos son de un estilo casi cubista, aunque tienen un diseño sutil pero discernible que, más que verse, se siente.

(¿Qué ocurre con los quilts que no se dejan en herencia ni son adquiridos por museos ni recubren las camas? He leído en algún sitio que los compra un conocido diseñador de moda y que los lucen ciertas damas de Nueva York, Los Ángeles o Chicago –probablemente puede vérselas llamando un taxi en la calle o cenando con amigos– a modo de faldas con brillantes manchas de color, que ondean cuando su dueña camina.)

Algunas de las aportaciones sugeridas para el *Patchwork Loco* son: los diseños infantiles de Sophia Richards consistentes en corderos y conejitos; el *Doble anillo de boda* en miniatura, de Em Reed; el diseño modificado de Constance Saunders que representa *El jardín de Chickie* en tonos amarillos, melocotón, salmón y naranja pálido; tal vez un lugar como el valle Shenandoah, de Glady Joe Cleary, o una persona famosa, o una criatura mítica como una sirena, que es lo que le gusta a Hy Dodd; y el buen gusto y la enorme habilidad de Anna lo mantendrá todo unido.

Les diré por qué me hace feliz la perspectiva de casarme con Sam, es decir, la simple perspectiva de casarme: porque sé que nuestro matrimonio tiene las mismas posibilidades de ser estupendo que de ser un fracaso. Aunque lo más probable es que sea ambas cosas. Y, al contrario de lo que se suele creer, el matrimonio siempre ha sido de este modo. Eso constituye un verdadero alivio; llegué a comprender dicha particularidad después de charlar con Anna acerca de las restantes costureras del grupo. Sin embargo, espero que nuestro mutuo amor incline la balanza hacia el lado «estupendo». No me parece equivocarme en esto. Es cuestión de fe.

Por fin, Anna cumplió su promesa de mantener una larga conversación conmigo, pero ocurrió, a mi parecer, por pura casualidad. Ella tenía que ir a San Francisco y, como Sam está viviendo allí, pensé que podríamos viajar juntas. Al no tener yo coche, mi abuela y tía Glady Joe nos ofrecieron el Chevrolet, que es un vehículo familiar, pesado y construido como un barco, a pesar de que (debo reconocerlo) su interior es muy cómodo. Es un buen coche para viajar, dijeron ellas, y añadieron algo acerca de «sentirse segura».

De modo que, ya fuera por lo largo del trayecto, por mi parentesco con Glady Joe y Hy o por la nostalgia que a Anna le producía el coche (no pude sino notar con cuánto cariño ella pasaba la mano por la tapicería, como si el contacto entre sus dedos y el asiento fuera a despertar algún recuerdo olvidado); o quizá se hubiera acostumbrado a mi presencia durante ese verano.

Empezamos hablando de la manera de confeccionar los quilts. Aprendí muchas cosas.

Luego, de pronto se volvió hacia mí y, mientras el viento entraba a raudales por las ventanillas bajadas, preguntó:

–¿Qué es lo que quieres saber?

Ante una pregunta como ésa, ¿acaso cabe otra respuesta más que: «Todo»?

Pero volvamos al *Patchwork Loco,* que tanto ha separado a las mujeres.

Que tanto las ha unido.

En cuanto a los materiales, cualquier prenda vieja, ajada o desgastada servirá. Corrina Amurri aporta sarga verde oliva, trozos y más trozos de sarga verde oliva, como si se tratara de un problema que intenta solventar. Una camisa vieja del marido irá bien, y tal vez una hilera de botones de vestido, cosidos a un cordón para que se asemejen a un collar de perlas. Acaso te regalaron el collar en el Día de los Enamorados cuando estabas lejos de tu hombre, o acaso sea la canción lo que guardas en el recuerdo. O quizá trabajas de jardinera en el jardín más elegante de los condados vecinos, o te gusta Kandinsky o Bach o Mondrian, o quizás un joven de Chicago se enamoró de ti en un rancho de ganado durante un verano tan lejano en el tiempo que ahora todo aquello te parece un sueño.

Recuerda, no hace falta que le digas a nadie lo que significan tus aportaciones al quilt, y de todos modos es más que probable que nunca tendrán significado más que para ti. No des explicaciones. Estás en tu derecho.

ÍNDICE

Título de la edición original: *How to Make an American Quilt*
Traducción del inglés: Montserrat Serra,
cedida por Ediciones B, S.A.
Diseño: Winfried Bährle
Ilustración: cartel de la película, cedido por Universal Pictures
Foto de solapa: © Alicia Aguilera

Círculo de Lectores, S.A. (Sociedad Unipersonal)
Valencia, 344, 08009 Barcelona
3 5 7 9 6 9 1 1 8 6 4 2

Depósito legal: B. 34772-1996
Fotocomposición: Víctor Igual, S.L., Barcelona
Impresión y encuadernación: Printer industria gráfica, s.a.
N. II, Cuatro caminos s/n, 08620 Sant Vicenç dels Horts
Barcelona, 1996. Impreso en España
ISBN 84-226-6261-2
N.º 28084